Luciano Lima

NOVELLE DEL DECAMERONE IN LINGUA MODERNA

con corredo didattico

A Riccardo ed Edoardo

INDICE

PREMESSA

"Hac sub mole jacent cineres ac ossa Johannis.
Mens sedel ante Deum meritis ornata laborum
Mortalis vitae. Genitor Bocchaccius illi.
Patria Certaldum. Studium fuit alma Poesis."

Nel cimitero di Certaldo nella Val d'Elsa, a pochi chilometri da Firenze, sopra la tomba di Giovanni Boccaccio leggiamo questa epigrafe.
Era il 21 dicembre dell'anno 1375.
Dicono i biografi che la morte del poeta sia da attribuirsi a due cause concomitanti:
a)   La fatica e lo stress per l'impegno eccessivo nel prepararsi ad affrontare l'incarico di onorare la memoria di Dante Alighieri con una cattedra sulla Divina Commedia;
b)   Il grande dolore per la morte del suo grandissimo amico e consigliere Francesco Petrarca.
Lasciando ad altri il compito di approfondire il discorso biografico del poeta-novelliere noi ci concentreremo sull'opera che ha reso immortale Giovanni Boccaccio, volgendo in lingua moderna alcune delle Novelle scelte nella ricca cornucopia delle Cento Novelle del Decamerone.
Nella introduzione all'opera si inserisce l'ampia descrizione della peste dell'anno 1348 con la quale Boccaccio costruisce la cornice e la motivazione della fuga da Firenze delle sette giovinette e tre giovanotti che racconteranno in dieci giornate cento novelle.

INTRODUZIONE
LA PESTE DI FIRENZE DELL'ANNO 1348

1) Sentori della malattia
Siamo nell'anno 1348. A Firenze era giunta voce che nelle aree geografiche orientali si stava diffondendo una misteriosa malattia che conduceva alla morte in pochissimo tempo. Non si conoscevano le cause dell'insorgenza ma si sapeva che l'epistassi nasale era un sicuro segnale di morte.

2) Misure di profilassi
Sì sperava ingenuamente che la malattia sconosciuta non si propagasse ma intanto, a scopo di profilassi, la città di Firenze veniva adeguatamente pulita tanto che le autorità competenti nominarono degli ufficiali preposti alla cura della Nettezza Urbana.
Fu emanata un'ordinanza con la quale si vietò l'ingresso nella città a qualunque infermo; si dettero tante altre disposizioni di carattere igienico.
Le autorità religiose organizzarono processioni bene ordinate per rivolgere suppliche a Dio onnipotente e scongiurare la diffusione dell'orribile malattia.
Nonostante tutto questo nella primavera di quell'anno 1348 la peste entrò a Firenze!

3) Sintomi della peste
La gente fu ingannata persino dalla sintomatologia: la malattia si manifestò senza la nota epistassi nasale: apparvero invece sotto le ascelle o nell'inguine o in altre parti tumefazioni che il volgo chiamò *"gavoccioli"*.
Erano i bubboni della peste!
Il decorso della malattia aveva una durata minima e quasi sempre era con esito letale: i bubboni si diffondevano nelle braccia, nelle cosce poi si trasformavano in macchie nere o livide, grandi o piccole, dopo pochissimi giorni sopraggiungeva la morte.
La malattia si diffondeva con una rapidità incredibile; fu impossibile capire la ragione del contagio perché il contatto anche casuale con il malato o addirittura con i suoi panni o oggetti era sufficiente per la diffusione del morbo.

4) Scene di panico
Una mattina si assistette ad una scena incredibile che alimentò il terrore fra la popolazione fiorentina.
Furono gettati sulla pubblica via alcuni stracci di un povero uomo deceduto. *«Passarono di lì due porci, e quegli secondo il lor costume prima molto col grifo e poi co' denti presigli e scossiglisi alle guance, in pic-*

cola ora appresso, dopo alcuno avvolgimento, come se veleno avesser preso, amenduni sopra li mal tirati stracci morti caddero in terra».

La situazione era tale che la gente di Firenze fu travolta dal panico e di fronte alla impossibilità di trovare salvezza con i farmaci o con le varie modalità precauzionali si rassegnò a vivere la piccola frazione di tempo disponibile senza pensare al futuro, senza desiderare null'altro che consumare quel poco di vita nel vizio o nel gioco o nella depressione o nell'inedia aspettando il tragico destino di morte null'altro indifferenti al dolore di tutti chiusi nel proprio egoismo.

5) Caos e disperazione a Firenze

Lo scenario della città aveva qualcosa di surreale.

Alcuni si chiudevano in casa negandosi ad ogni contatto con gli altri e conducevano una vita estremamente morigerata senza cibi prelibati senza legami affettivi, rifiutandosi di parlare di malattia e di morte.

Molti trascorrevano il tempo come sigillati in casa cantando, suonando e godendo di *«quelli piaceri che aver potevano»* altri ignoravano la malattia e facendosi beffa di questa gozzovigliavano nelle taverne cantando la gioia del buon vivere nel vizio e nelle allegre compagnie e nel piacere del sesso trascorrendo giorno e notte paghi delle poche ore della vita residuale.

Non mancavano neppure atti di violenza l'occupazione indebita delle case abbandonate o la sottrazione di beni materiali lasciati senza custodia. In assenza dei tutori dell'ordine cittadino era saltato il confine tra il lecito e l'illecito.

6) Tentativi per contrastare la tragedia

Alcuni cercavano di mantenersi in equilibrio ricorrendo alla fede o ricorrendo a piccoli mezzucci palliativi come tenere accostati alle narici profumi e fiori per convivere con il puzzo che emanavano i cadaveri abbandonati lungo le strade o nelle piazze.

Altri ancora credevano che quella tragedia fosse la punizione di Dio per le nefandezze di Firenze e pertanto credettero di trovare scampo fuggendo dalla città trovando riparo nel contado.

7) Degrado morale, materiale e affettivo

Alla tragedia materiale si associò la tragedia degli affetti. Si estinguevano progressivamente il sentimento della solidarietà, della pietà e persino i sentimenti naturali esistenti tra genitori e figli o tra fratelli e tra parenti.

L'egoismo, il disinteresse, la fuga, il terrore, lo schifo per il prossimo e per la vita aleggiavano sulla città mentre i morti non venivano sepolti.

Venne meno ogni sentimento di pudore e le stesse donne, anche quelle avvenenti, si lasciavano andare ad ogni forma di licenza (nel passato inaudita) pur di avere una qualunque presenza di aiuto maschile.

8) Lo squallido destino dei cadaveri

Il puzzo e la paura del contagio costringeva alla pietosa pratica della sepoltura presso le chiese attrezzate per la tumulazione delle salme. Alcuni operatori chiamati *"becchini"* o *"beccamorti"* provvedevano alla rimozione e trasporto senza il pietoso corteo delle donne in lacrime.

Con il moltiplicarsi dei cadaveri la sepoltura si effettuò con il deposito irriverente delle salme nelle fosse comuni coperte dalla terra.

In quelle fosse i cadaveri «*stivati, come si mettono le mercatantie nelle navi a suolo a suolo, con poca terra si ricoprieno, infino a tanto che la fossa al sommo si pervenia*».

9) Il bilancio della tragedia

Tralasciando il dettaglio della descrizione di un quadro di morte si può concludere con il seguente bilancio disastroso della peste: «*infra 'lmarzo e il prossimo luglio vegnente, tra per la forza della pestifera infermità e per l'esser molti infermi mal serviti o abbandonati né lor bisogni per la paura ch'aveono i sani, oltre a centomilia creature umane si crede per certo dentro alle mura della città di Firenze essere stati di vita tolti, che forse, anzi l'accidente mortifero, non si saria estimato tanti avervene dentro avuti*».

RACCONTO DELLA FUGA

DIECI GIOVANI ORGANIZZANO
LA FUGA DA FIRENZE

1) SITUAZIONE DI CONTESTO

La città era quasi vuota, i pochi sopravvissuti increduli davanti a tanta desolazione avevano perduto le risorse morali per organizzare la loro vita e progettare un futuro precario: *"si lasciavano vivere"*, come si suol dire, solo pochi giovani trovavano ancora le energie per tentare di ricostruire ma ai molti sembrava che volessero sfidare il destino.

Spesso la sfida si traduceva in perfidia e beffa alle spalle dei tipi balordi della città per illudersi malignamente e poter continuare a vivere dandosi energie futili alimentate dalla risata grassa per non dover pensare al proprio destino.

Pochi non volevano perdere la speranza nel futuro e continuavano ad essere legati alle tradizioni e al culto dei Santi.

2) L'INCONTRO NELLA CHIESA DI SANTA MARIA NOVELLA

Accadde dunque che la mattina di un martedì sette ragazze di età compresa tra i diciotto e i ventotto anni legate tra loro da vincoli di parentela o di amicizia si ritrovarono nella chiesa di Santa Maria Novella per assistere alle sacre funzioni religiose.

La chiesa era quasi vuota ma i pochi fedeli rivolgevano sommesse preghiere alla Madonna e con i loro pianti e sospiri accompagnavano le parole i gesti dell'officiante in una liturgia nel segno della mestizia.

Conclusa la liturgia, la chiesa si stava facendo silente e i pochi passi incerti dei restanti fedeli in uscita si riverberavano nell'alto della volta con un alone sonoro ovattato che ampliava il vuoto delle navate.

Le ragazze si trattennero ancora ma decisero di trasferirsi in un ambiente più ristretto della chiesa dove solitamente i giovani organizzavano le attività oratoriali per ribellarsi ancora alla triste atmosfera lugubre che aveva seppellito la città intera.

3) ALLA RICERCA DI UN PROGETTO DI FUGA

Come nei bei mesi passati le ragazze si disposero in cerchio sedute a terra come spesso erano solite fare per organizzare giornate di spensieratezza e di preghiera.

Iniziarono le preghiere ma poi alcune si misero a parlare del tempo e quasi nella noia cercavano argomenti per nascondere il loro disorientamento e quel misto di sentimenti in conflitto tra la voglia di vivere ancora e la consapevolezza che tutto era fragile e precario.

Tutte però volevano assolutamente una cosa: vincere la paura.

4) IL DISCORSO DI PAMPINEA

Tra incertezze e silenzi prese la parola la ragazza più anziana, Pampinea la quale disse: «La ragione che è in noi, mie care compagne, ci consiglia di conservare e di difendere la nostra salute, la nostra vita.

Se continuiamo a vivere in questo luogo sembra che il nostro scopo di vita sia quello di essere testimoni dei tanti corpi che vengono sepolti ogni giorno oppure di ascoltare il canto lugubre dei pochi frati rimasti in questa chiesa e tentare di suscitare in Alto la compassione per le nostre disgrazie.

Se ascoltiamo poi i pochi fedeli che ancora frequentano la chiesa ascolteremmo un bollettino di guerra con l'indicazione dei morti e dei malati che ogni giorno vengono travolti dalla peste.

Se invece decidessimo di tornare a casa non troveremmo più i nostri cari ma qualche servente.

Questo solo pensiero mi spaventa e mi fa arricciare i capelli per l'ansia che mi procura.

Dovunque vada mi sembra di incontrare le ombre delle persone che ho conosciuto e mi spaventano per le loro trasfigurazioni e gli occhi infossati.

Mi è stato detto poi che le donne rimaste sono diventate prive di dignità e si abbandonano a tutti i piaceri licenziosi senza alcun ritegno morale.

Negli stessi conventi poi le suore che dovrebbero dare l'esempio di moralità si abbandonano ai diletti carnali ormai prive di ogni freno inibitorio o di timore delle autorità totalmente inascoltate se non derise.

Che dovremmo fare allora?

Dovremmo forse sfidare il morbo illudendoci che siamo inattaccabili e immuni dal pericolo rimanendo in mezzo a tanti cadaveri e malati qui in città?

Perché non dovremmo fare quello che altre persone e giovani hanno già fatto abbandonando tutti gli averi e le poche persone care rimaste e fuggire nelle ville del contado e qui *"quella festa, quella allegrezza, quello piacere che noi potessimo senza trapassare in alcun atto il segno della ragione, prendessimo?"*.

Potremmo lì godere della bellezza della natura, udire il canto degli uccelli, rilassarci davanti agli spettacoli ameni offerti dalle colline verdeggianti, con gli alberi frondosi, con i campi pieni di biade e godere il cielo azzurro luminosissimo!

Se rimaniamo in città chiuse dentro queste mura continueremo a vedere spettacoli di sofferenza e morte e poi non siamo noi ad abbandonare i nostri cari morti o moribondi ma sono loro che ci stanno lasciando e d'altra parte la nostra decisione di fuga è sicuramente più onesta del rimanere qui vivendo in modo licenzioso e scorretto come stanno facendo altre donne!»

5) LA RISPOSTA DELLE COMPAGNE

Piacque moltissimo il ragionamento di Pampinea tanto che si accinsero tutte ad alzarsi in piedi in procinto di partire ma Filomena parlando con pudore fece una riflessione che altre non avrebbero voluto ascoltare ma sicuramente condivisero perché nasceva dal buon senso: «Noi siamo nobili, ritrose, sospettose, pusillanime e paurose: per le quali cose io dubito forte, se noi alcuna guida non prendiamo che la nostra ...».

Queste parole di sfiducia nei confronti del genere femminile irritarono sicuramente molte ragazze ma Elisa senza scendere in polemica tagliò corto

e propose la soluzione a suo modo ragionevole: «*Veramente gli uomini sono delle femine capo e senza l'ordine loro rade volte riesce alcuna nostra opera a laudevole fine*».
La ragionevole soluzione di Elisa fu però ostacolata da altre considerazioni che Elisa volle esporre: «*Ma come possiam noi aver questi uomini? Ciascuna di noi sa che de' suoi son la maggior parte morti, e gli altri che vivi rimasi sono, chi qua e chi là in diverse brigate, senza saper noi dove, vanno fuggendo quello che noi cerchiamo di fuggire; e il prender gli strani non saria convenevole.*»

6) LA DECISIONE

A questo punto le ragazze rattristate presero lo slancio volitivo e si disposero alla rinuncia ma la fortuna volle che poco dopo entrassero in chiesa tre giovani: Pompilio, Filostrato e Dioneo.
Le ragazze provavano vergogna ma Neifile, rossa per la forte emozione perché uno di quei giovani era il suo corteggiatore, si rivolse a Pampinea dicendole: «Credo proprio che non sia opportuno farci accompagnare da questi giovani perché essi sono innamorati di alcune di noi e quindi potremmo avere in seguito riprovazione e biasimo della gente».
Ma Filomena indignata la interruppe: «No cara mia! - disse a Neifile - per quanto mi riguarda io non temo il giudizio della gente o di Dio se il mio comportamento è corretto; io so ben decidere di me stessa, pensa tu al tuo comportamento se hai qualcosa di cui debba vergognarti del giudizio degli altri!».
Filomena era proprio piccata e le sue parole furono ben accolte da tutte le altre ragazze: «Si, si! - dissero in coro - chiamiamo quei giovani e comunichiamo loro la nostra decisione di fuga».
In un primo momento i ragazzi temettero di essere al centro di una beffa poi, si convinsero e subito si organizzarono per la partenza decisa per l'alba del giorno seguente.

7) LA FUGA DEL MERCOLEDÌ

«*E ordinatamente fatta ogni cosa opportuna apparecchiare, e prima mandato là dove intendevan d'andare, la seguente mattina, cioè il mercoledì, in su lo schiarir del giorno, le donne con alquante delle lor fanti e i tre giovani con tre lor famigliari, usciti della città, si misero in via; né oltre a due piccole miglia si dilungarono da essa, che essi pervennero al luogo da loro primieramente ordinato*».
Alle prime luci dell'alba del mercoledì i dieci giovani accompagnati da alcune fantesche e tre parenti si allontanarono dalla città per ritrovarsi in una amena collina distante non più di tre Km da Firenze.
Nella parte più alta della collina si ergeva un bellissimo palazzo circondato da prati e giardini nei quali facevano bella mostra gli anelli di pietra scolpita che delimitavano i pozzi di fresca acqua potabile.
All'interno del palazzo un cortile circondato da un loggiato lasciava ammirare le porte e le finestre di camere e saloni interni riccamente affrescati da motivi ornamentali che esaltavano la bellezza della campagna e il trionfo dell'uva e di Bacco.
I giovani entrarono e lo stupore si accrebbe quando poterono ammirare le tante camere da letto ben bene spazzate, profumate e ornate di fiori di stagione su letti accoglienti con delicate coperte e soffici materassi.

Erano entrati nel regno della bellezza e della pace!

8) ORGANIZZAZIONE DELLA VITA COMUNITARIA
Superato lo stupore, si ritrovarono in uno stesso salone per decidere le modalità e le regole della loro convivenza.
Prese la parola Dioneo rompendo perplessità e timidezza dei presenti: «Care donne – disse - noi siamo venuti per assecondare i vostri desideri ma desidero che si crei qui un'atmosfera gioiosa con canti, scherzi e giochi vari oppure me ne ritorno a Firenze in mezzo alle tribolazioni rassegnandomi al peggio».
Fu una provocazione ovviamente!
Pampinea lo interruppe e condivise la sua richiesta proponendo immediatamente una modalità per organizzare la vita comunitaria.
Ogni giorno si dovesse dunque dare il potere di guida e di organizzazione ad una sola persona alla quale si dovesse prestare obbedienza senza alcuna invidia.
Tutti approvarono ed anzi offrirono il potere di guida del primo giorno a lei stessa la quale, eletta regina dette precisi incarichi per rendere più razionale la vita comunitaria. (…)

9) LA PASSEGGIATA ED IL PRANZO
Pampinea sciolse la lieta brigata invitando tutti a godere del bel paesaggio e a far ritorno nel palazzo all'ora terza per un primo desinare.
In poco tempo si formarono piccoli gruppi e coppie per una lieta passeggiata tra i giardini. Tra scherzi e battute spiritose i giovani ritrovarono il piacere della vita e del canto spensierato.
Rientrarono tutti puntualmente nell'orario convenuto ed ammirarono le tavole ordinatamente apparecchiate con tovaglie candide e stoviglie brillantissime in mezzo alle quali i fiori della ginestra davano un tocco di signorilità e di raffinatezza estetica che avrebbe favorito il piacere delle vivande e la gioiosa loquela dei giovani.
La regina della giornata, Pampinea, ordinò il lavaggio delle mani e Parmeno con intelligenza assegnò i posti nella tavola.
L'attesa del cibo fu breve, giunsero i tre serventi con le vivande fumanti.
I giovani tra lazzi e canti ameni mangiarono.
L'euforia salì alle stelle e ben presto l'effetto dei vini accese gli animi e la voglia di giocare e di danzare.

10) CANTI E GIOCHI DEL POMERIGGIO
In poco tempo le tavole furono tolte dal salone per fare spazio alle danze.
Pampinea ordinò a Dioneo di suonare il liuto e a Fiammetta di allietare la compagnia con la viola.
Seguendo l'esempio della regina tutti i giovani si misero in tondo formando una corolla e iniziarono la danza della "corolar" *«e quella finita, canzoni vaghette e liete cominciarono a cantare»*.
La spensieratezza, la gioia, gli scherzi, i canti durarono a lungo ma poi la regina Pampinea, già notte fonda, ordinò il rientro nelle camere.
I tre giovani entrarono nelle camere assegnate ed anche le sette donne si ritirarono nelle loro profumate stanze da letto.

11) IL RISVEGLIO E L'INIZIO DEL NOVELLARE

Era da poco suonata l'ora nona, la "reina" si alzò e fece alzare tutti gli altri affermando che il troppo dormire di giorno sarebbe stato nocivo alla salute.

Dopo la preparazione si recarono in un bel praticello ombroso con siepi alte che riparavano dalla violenza dei raggi del sole.

Si disposero a sedere sull'erba formando un cerchio e la reina disse: «*Come voi vedete, il sole è alto e il caldo è grande, né altro s'ode che le cicale su per gli ulivi; per che l'andare al presente in alcun luogo sarebbe senza dubbio sciocchezza*».

La reina della giornata propose di allietare la compagnia raccontando novelle piacevoli fino al tramonto del sole quando finalmente sarà possibile riprendere il piacere delle passeggiate il dei giochi.

«*Laonde Panfilo, udito il comandamento, prestamente, essendo da tutti ascoltato, cominciò così*»

NOVELLE SCELTE DAL "DECAMERON"
RIELABORATE IN LINGUA MODERNA

SER CIAPPELLETTO, NOTO MASCALZONE, è reputato santo grazie ad una confessione

1) LA PARTENZA DI MUSCIATTO
Un giorno il ricchissimo mercante Musciatto Franzesi doveva accompagnare messer Carlo Senzaterra, fratello del re di Francia, che era stato invitato dal papa Bonifacio a recarsi in Toscana.
Messer Musciatto aveva molti affari commerciali in Francia alcuni dei quali dovevano essere conclusi perciò fu costretto a cercare persone fidate e competenti che lo avessero sostituito per la stipula degli accordi.
Aveva inoltre la necessità di individuare la persona adatta per il recupero dei suoi crediti che vantava in Borgogna dove abitavano uomini ritenuti *«riottosi e di mala condizione e misleali»*.

2) LA DISONESTÀ DI CIAPPELLETTO
Gli venne in mente un personaggio molto noto nella città di Parigi per la sua spregiudicatezza e disonestà nell'esercizio della professione.
Costui era ser Cepperello da Prato noto in Francia come Ciappelletto.
Ciappelletto redigeva atti notarili falsi utilizzando false testimonianze a favore di amici, parenti e di tutti coloro che lo richiedevano in cambio di una lauta ricompensa.
Si diceva addirittura che questo losco personaggio fosse colpevole persino di delitti atroci come omicidi fatti con le proprie mani.
Si dilettava anche a schernire la devozione dei Santi e dei Sacramenti con bestemmie fiorite rifiutando ogni forma di pratica religiosa.
Frequentava invece le taverne e gli altri *«disonesti luoghi»*. Si potrebbe dire che Ciappelletto fosse il più coerente e incallito peccatore nell'applicare al contrario tutti e dieci i Comandamenti di Dio.
In conclusione Ciappelletto era per Musciatto Franzesi la persona giusta da mandare in Borgogna!
Musciatto lo mandò a chiamare dopo avergli esposto il compito da svolgere; gli offrì in cambio del suo lavoro il favore della corte reale e il dono di una parte del denaro che avrebbe riscosso.
Ciappelletto accettò l'offerta.
Dopo pochi giorni Musciatto consegnò a ser Ciappelletto sia la procura legale per agire a suo nome sia le lettere di favore firmate dal re quindi partì alla volta dell'Italia.
Anche Ciappelletto partì da Parigi per recarsi in Borgogna.

3) SER CIAPPELLETTO IN BORGOGNA
Giunto in Borgogna ser Ciappelletto iniziò a *«fare quello per che andato n'era»*.

Accadde però una stranissima cosa: ser Ciappelletto operava con i creditori di Musciatto in una maniera insolita: riscuoteva «*benignamente e mansuetamente*» quasi avesse cambiato la sua natura.

Per qualche tempo soggiornò presso la casa dei due fratelli fiorentini usurai legati da profonda amicizia a messer Musciatto.

Ser Ciappelletto godeva di una splendida accoglienza e poteva svolgere il suo compito nella massima serenità.

Purtroppo quel periodo di calma e di operosa attività durò poco perché all'improvviso si ammalò.

4) La malattia

I due fratelli si preoccupavano non tanto per l'eventuale morte del paziente quanto delle conseguenze negative che avrebbero avuto per la morte di questo scomodo ospite noto per le sue passate malefatte.

I due fratelli chiamarono i migliori medici, misero a disposizione i servitori per tutte le necessità ma la prognosi dei medici fu infausta.

5) Le preoccupazioni dei fratelli

Ritiratisi in una stanza poco distante dalla camera della degenza di ser Ciappelletto, i due fratelli si misero a riflettere sul da farsi e considerarono che: «*niuna chiesa vorrà il suo corpo ricevere, anzi sarà gittato a' fossi*» perché il malato - dicevano - non avrebbe accettato la somministrazione dei Sacramenti.

La questione era complicata perché la gente era fortemente indignata per il comportamento disonesto degli usurai; i due fratelli temevano che l'indignazione per la presenza di un altro mascalzone in casa si sarebbe accresciuta fino a spingere i Borgognoni al saccheggio dei loro beni.

Non vedevano una via di scampo!

6) La soluzione offerta da Ciappelletto

La soluzione fu trovata dallo stesso ser Ciappelletto che aveva ascoltato tutta la conversazione.

Dopo averli chiamati al suo capezzale fece loro questo ragionamento: «*Io ho, vivendo, tante ingiurie fatte a Domenedio che, per farnegli io una ora in su la mia morte, né più né meno ne farà*». Una malefatta di più non avrebbe scandalizzato il buon Dio!

Chiese dunque ai due fratelli di recarsi in una chiesa a far venire un frate, uno di quelli più buoni e in "odore di santità" per ascoltare la sua confessione in punto di morte.

7) La confessione di ser Ciappelletto

I due fratelli chiesero al superiore del convento la disponibilità di un frate confessore e «*fu lor dato un frate antico di santa e di buona vita e gran maestro in Iscrittura e molto venerabile uomo, nel quale tutti i cittadini grandissima e spezial divozione aveano*».

Il santo uomo si recò al capezzale del malato e con affetto gli rivolse la domanda per facilitare la confessione.

«Da quanto tempo non ti confessi?» Ciappelletto con tutta la sua spudoratezza rispose che tutte le settimane si recava dal suo personale confessore ed anzi provava un forte senso di colpa perché da otto giorni sentiva la sofferenza della coscienza per non essersi confessato per la malattia.

Chiese perdono al frate per il lungo elenco dei peccati che si accingeva a confessare e tutto avrebbe detto pur di liberare la sua coscienza e sperare nel perdono di Dio.

Queste parole piacquero al frate, il quale ben disposto passò in rassegna tutte le cause del peccato:

«Hai dunque compiuto atti di lussuria con qualche donna?»

Ser Ciappelletto divenendo rosso per la vergogna simulando tanto pudore disse: «*io son così vergine come io uscì del corpo della mamma mia*».

«Hai mai compiuto peccati di gola?» Chiese il frate.

Ciappelletto rispose che dopo aver effettuato i digiuni beveva l'acqua con peccaminoso desiderio ed anzi desiderava saporite «*insalatuzze d'erbucce, come le donne fanno quando vanno in villa*».

Il confessore passò ad esaminare i peccati di avarizia.

Ciappelletto lo rassicurò giustificando il suo soggiorno in casa degli usurai al solo scopo di ammonire due fratelli per riportarli sulla retta via.

Spiegò poi che la sua florida condizione economica derivava dal patrimonio avuto in eredità e che guadagni tratti dalla sua attività venivano suddivisi a metà trattenendo per sé la parte necessaria al soddisfacimento delle necessità minime e destinando la parte residua ai poveri e ai bisogni della Chiesa.

Venne poi esaminato il peccato dell'ira.

Ciappelletto si pentì amaramente di aver peccato tante volte per essersi fortemente adirato vedendo i giovani frequentare taverne e luoghi malfamati. Gli fu chiarito che quel tipo di ira era la giusta indignazione e non era peccato.

Si passò poi al peccato della falsa testimonianza tante volte praticata nella redazione degli atti notarili di cui Ciappelletto era stato maestro ma su questo tipo di peccato il penitente fu categorico «<u>mai io ebbi una condotta così infamante!</u>»

Il frate pensando che l'attività del malato fosse quella del mercante gli chiese se mai avesse ingannato una qualche persona.

«*Gnaffe!* – disse Ciappelletto – *messer sì*».

Confessò dunque che un cliente al quale aveva ceduto un panno lo aveva pagato quattro "*piccioli*" in più che però a distanza di un anno furono donati per le sue opere pie.

Il frate si stava avviando alla conclusione perché aveva verificato che quel malato aveva vissuto in modo esemplare ma ser Ciappelletto lo tratteneva perché doveva ancora confessare qualche altro peccato.

Tra lo stupore del confessore Ciappelletto continuò: «Mi ricordo di aver fatto spazzare la casa al mio servitore dopo l'ora nona e poi non andai a messa una Santa Domenica e poi mi ricordo di aver sputato una volta in Chiesa!

Il frate sorrise e tentò di tranquillizzarlo perché si trattava di peccati veniali o forse inesistenti.

«Pensa fratello, anche noi frati sputiamo in chiesa tutti i giorni!»

Ser Ciappelletto non voleva concludere la confessione, esitava poi si mise a singhiozzare non voleva parlare ma poi sciogliendosi in lacrime disse:

«Sappiate che quando io ero piccolino bestemmiai una volta la mamma mia».

Ma il frate disorientato lui stesso disse «ma anche il nostro Signore Gesù Cristo ti avrebbe perdonato se tu lo avessi messo in Croce!»

Non ci fu niente da fare Ser Ciappelletto piangeva e piangeva: «*Ohimè, padre mio, che dite, – voi? La mamma mia dolce, che mi portò in collo più di cento volte! troppo feci male a bestemmiarla e troppo è gran peccato!*»

Il frate guardò il paziente con ammirazione e poi con rispettosa devozione, credendolo un santo uomo gli disse: «<u>Voi possiate guarire ma se il buon Dio vorrà chiamarvi accettate che il vostro corpo sia sepolto nella nostra chiesa</u>».

Ser Ciappelletto fu lusingato da questa offerta ed anzi chiese rispettosamente di poter ricevere la Santa Eucarestia e quindi l'Estrema Unzione perché Dio abbia misericordia di questo peccatore.

8) Il commento dei due fratelli

I due fratelli usurai avevano ascoltato il sommesso parlare del frate e di Ciappelletto.

Non credevano alle loro orecchie: avrebbero voluto ridere ma si trattennero stupefatti. Si meravigliarono della natura istrionesca di questo uomo che neppure in punto di morte temeva la giusta vendetta di Dio per una condotta tanto peccaminosa.

Considerarono però il vantaggio che a loro sarebbe derivato per questa miserabile sceneggiata e quindi si compiacquero divertiti!

9) Le esequie di ser Ciappelletto

All'ora del tramonto ser Ciappelletto spirò.

I due fratelli chiamarono i frati perché, secondo l'usanza, venissero a vegliare la salma e poi farla traslare in chiesa al mattino seguente.

Il priore del convento con tutti i frati vegliarono davanti alla salma per tutta la notte ed al mattino, dopo essersi vestiti con i paramenti sacri, si disposero in processione seguiti da una moltitudine di gente e si avviarono verso la chiesa.

Il corteo funebre procedeva solennemente con i canti del rito e quando giunse in chiesa tutti si disposero ad ascoltare, in atteggiamento devoto, il santo frate che aveva confessato ser Ciappelletto.

10) La beatificazione di Ciappelletto

Il frate confessore salì lentamente sul pergamo delle omelie ed iniziò a raccontare la vita santa e pura che era stata vissuta dal defunto.

Ne esaltò tutte le virtù, la dirittura morale, la sua sensibilità, la pietà religiosa, la grande devozione per Dio e la Santa Chiesa; ricordò il grande amore e rispetto per la madre della quale pativa il ricordo delle offese talvolta arrecatole.

Il frate si infervorò a tal punto che si rivolse alla folla con voce severa: «*E voi – disse – maledetti da Dio per ogni fuscello di paglia che vi si volge tra i piedi, bestemmiate Iddio e la Madre e tutta la corte di paradiso*».

Terminato l'ufficio della parola la salma di ser Ciappelletto fu esposta all'adorazione dei fedeli e in poco tempo si formò una calca intorno al feretro. Tutti volevano baciargli le mani o i piedi e molti iniziarono a lacerargli gli abiti tenendoseli come reliquia per i miracoli futuri.

11) La devozione fanatica dei fedeli
Nella notte seguente ser Ciappelletto fu deposto in un'arca di marmo collocata all'interno di una cappella della chiesa per la venerazione di tutti.
I fedeli secondo l'usanza accendevano lumi di devozione e di richiesta di favori per la salute o la felicità delle persone rappresentate nelle immagini di cera.

12) Considerazione finale
In conclusione un mascalzone come ser Ciappelletto, notoru spregiudicato toscano divenne San Ciappelletto da Prato non tanto per il suo pentimento ma per le preghiere e la santa perorazione del buon frate confessore.

La corruzione di alcuni frati
in un convento della Lunigiana

1) Il convento (situazione iniziale)
Nella Lunigiana c'era un monastero che ospitava moltissimi frati che godevano di grande stima presso i fedeli.
In questa comunità c'era un frate giovane di grande vigore fisico, di carattere spigliato e ben determinato.
Nonostante i digiuni e la severità della regola conventuale costui non disdegnava lo scherzo e la frequentazione femminile.

2) Incontro con una ragazza
Un giorno, dopo pranzo quando i fratelli già riposavano nelle loro celle, il giovane frate se ne andava a passeggio nel prato intorno alla chiesa e si godeva la frescura della brezza che faceva ondeggiare le fronde degli alberi e le foglie dei cespugli che delimitavano la proprietà della Chiesa.
Passò per caso una giovane ragazza figlia di qualche lavoratore del villaggio che raccoglieva erbe commestibili.
Il giovane frate quando la vide si avvicinò con la complicità della siepe e del silenzio della siesta. Se ne invaghì e cominciò a corteggiarla. Le rivolse parole di apprezzamento, la fece sorridere, insomma si rese così simpatico da rendere disponibile quella ragazza che accettò l'invito del frate ad entrare nella sua cella.

3) Gli scherzi nella cella ed il sospetto dell'Abate
Si recarono segretamente nella cella del convento e dopo aver chiuso la porta si misero a scherzare.
Il rumore quantunque ovattato fu avvertito dall'abate che, avendo colto la voce femminile, si alzò e si diresse verso la porta della cella del giovane frate.
Avrebbe voluto bussare ma si trattenne e ritornò nella sua cella.

4) Il giovane frate è in allarme
Il giovane nonostante il piacevole passatempo avvertì confusamente uno stropiccio di piedi dietro la porta e pensò che gli sarebbe venuta una grave punizione se l'abate avesse scoperto quel peccaminoso incontro.
Sollecitato da tale preoccupazione uscì dalla cella informando la ragazza che sarebbe andato a studiare la modalità più opportuna per farla uscire dal convento senza essere vista.

5) Il frate si reca dall'abate
Chiusa a chiave la ragazza, prese la chiave e si recò nella cella dell'abate

con l'intenzione di consegnarla come sempre facevano i frati prima di usci-
re.
«Messere, io non potei stamane farne venire tutte le legne le quali io avea fatte fare, e perciò con vostra licenzia io voglio andare al bosco e farlene venire».
L'abate salutò con favore la richiesta del giovane ritenendolo ignaro della sua ispezione fatta poco prima.

6) Il dubbio dell'Abate
Quando fu ben sicuro della partenza del giovane l'abate avrebbe voluto recarsi subito nella cella della ragazza ma un dubbio lo trattenne.
Era incerto se chiamare tutti i frati mostrando loro la ragazza chiusa in cella o recarsi lui stesso per parlare con la ragazza e accertarsi delle circostanze più precise del peccato commesso.
Temette che la famiglia della ragazza non avrebbe perdonato all'abate la pubblica vergogna nella quale avrebbe gettato la figlia per una eclatante denuncia perciò si convinse a recarsi lui stesso nella cella e parlare con la giovane donna.

7) L'abate entra nella cella della del giovane frate
La porta fu aperta, la giovane impallidì, si ritirò in se stessa, si rannicchiò colta da paura e vergogna; l'abate ne provò tutta la pietà tanto che divenne tenero offrendole il conforto di gesti carezzevoli e rassicuranti.
Vedendola così affascinante ne provò l'attrazione tanto che dimenticò le regole dell'ordine e si lasciò andare con animo concupiscente.
Mentre la guardava pensò: *«Deh, perché non prendo io del piacere quando io ne posso avere?»*
Perse ogni pudore e consapevolezza del suo ruolo di guida.
In preda a pensieri peccaminosi cominciò a fare considerazioni sul basso rischio di essere scoperto e sulla piacevolezza di quell'incontro. Alla fine si convinse che quell'atto poteva non essere peccato in base alla massima popolare "peccato celato è mezzo perdonato!"
Divenne sempre più delicato e rasserenante, elogiò il carattere della ragazza, esaltò la bellezza del corpo, ne sottolineò tutto il fluido magnetico degli occhi.
A poco a poco la ragazza si senti lusingata e si mostrò disponibile al corteggiamento.
«La giovane, che non era di ferro né di diamante, assai agevolmente si piegò a' piaceri dello abate».
L'abate reso ormai folle dalla lussuria sì precipitò ad abbracciarla, baciarla; purtroppo l'audace esercizio ginnico era ostacolato dalla mole dell'addome adiposo.
Non si perse d'animo, sempre più fuori dalla grazia di Dio, costrinse la ragazza a contorsioni e salti sulla sua pancia che faceva apparire l'abate come una balena spiaggiata boccheggiante sulla riva del mare!

8) Il giovane frate scopre il fatto lussurioso
Mentre quella ginnastica veniva praticata nella cella, il giovane frate che aveva simulato l'uscita nel bosco se ne stava rannicchiato dietro la porta ascoltando i dialoghi smielati e sbirciava in un foro della porta una insolita

ginnastica che rendeva ridicolo un orso impacciato vestito da frate.

9)L'abate ritorna nella sua cella

L'abate con estrema fatica riprese la piena consapevolezza, il volto tornò ad essere severo come era doveroso per un inflessibile censore e subito dopo aprì la porta e scivolò lentamente verso la sua cella attento a scoprire passi sospetti.
Per un po' non si udì nulla ma poi giunsero i rumori ritmici dei passi del giovane frate che simulava il ritorno.
Bussò nella cella dell'abate.

10) Il dialogo tra l'abate ed il giovane frate

L'abate vedendo il frate di ritorno iniziò a rimproverarlo assumendo toni di ferma condanna con la minaccia del castigo previsto dalla Regola.
L'abate sempre più inflessibile si predisponeva a chiamare il frate di servizio per farlo accompagnare nella cella di rigore.
A quel punto il giovane con voce dimessa dopo aver chiesto licenza di parlare iniziò: «Messere - gli disse - io mi trovo in convento da non molto tempo ma non sapevo che i frati si dovessero esercitare con le femmine che saltellano sulla pancia per comprimere l'adipe accelerando gli effetti dei digiuni e delle veglie previste dalla "Regola" di San Benedetto».

11) Conclusione

L'abate impallidì, capì il messaggio, mutò orientamento: il volto arcigno si distese e apparve il sorriso di complicità.
I due frati divennero alleati e molto spesso invitarono la ragazza nel convento come esperta di acrobazie per far dimagrire le pance dei golosi.
Nessun altro frate avrebbe dovuto scoprire la verità!

Il frate minore inquisitore

1) Il compito del frate
«Fu adunque, o care giovani, non è ancora gran tempo, nella nostra città un frate minore inquisitore della eretica pravità…».
Emilia iniziò a raccontare.
Il frate minore aveva il compito di controllare, come un magistrato di oggi, i comportamenti non conformi alla dottrina religiosa di quel tempo con il potere di emettere sentenze di condanna.

2) L'eresia del ricco sempliciotto
Avvenne dunque che un cittadino di Firenze, ricco ma sempliciotto, aveva l'abitudine di andare in osteria con gli amici e tra una bevuta ed un'altra esaltava la qualità di un vino del quale era fedele estimatore e alleato nei suoi frequenti convivi.
Un giorno in preda ai fumi peccaminosi dell'alcool il sempliciotto dopo una pantagruelica mangiata disse ad alta voce: *«ho un vino così buono che ne berrebbe Cristo».*
Tutti risero ma come sempre accade un delatore è sempre nascosto pronto alla denuncia!

3) La chiamata dell'inquisitore
Quell'ingenuo beone fu chiamato dal frate inquisitore per rispondere dell'accusa di aver pubblicamente bestemmiato e oltraggiato il potere religioso.
«Dunque hai tu fatto Cristo bevitore e vago de' vini solenni, come se egli fosse Cinciglione o alcuno altro di voi bevitori ebriachi e tavernieri?».
Il frate lanciava come frecce acute le parole di accusa e il sempliciotto tremava facendosi piccolo piccolo.
Dovette ammetterlo: le parole riferite erano state dette da lui!
Provò a scusarsi, cercò di minimizzare l'accaduto, tentò di farsi perdonare ritenendo la frase una ingenua battuta frutto di superficialità detta sotto l'effetto del vino senza volere disprezzare il buon Dio!
Non ci fu niente da fare. Il Severo inquisitore frate lo minacciò di morte e gli pronunciò la condanna al rogo nella pubblica piazza come venivano puniti gli eretici.

4) Tentativi di corruzione
Il sempliciotto beone fu provvisoriamente allontanato in attesa di sentenza definitiva.
Gli vienne in aiuto il consiglio di alcuni intermediari che sapevano come

manipolare le sentenze del frate inquisitore.

Fu consigliato di offrire un buon quantitativo di denaro per addolcire la severità dell'inquisitore.

Il sempliciotto beone fece pervenire attraverso interposte e anonime persone un buon gruzzolo che avrebbe attivato la misericordia dell'inquisitore.

Infatti, la cosiddetta *"grascia di San Giovanni Boccadoro"* fece modificare la sentenza tramutata in condanna molto più lieve.

Il reo avrebbe dovuto indossare una casacca nera sulla quale doveva verniciare una croce gialla in segno di penitenza.

Ogni mattina sarebbe dovuto andare ad ascoltare la Santa Messa e all'ora del desinare avrebbe dovuto far visita al frate inquisitore per la verifica dei progressi nel campo della fede.

5) L'ESPIAZIONE DELLA PENA

Il sempliciotto seguiva in maniera rigorosa tutte le disposizioni della condanna infatti ogni mattina era nella chiesa di Santa Croce ad ascoltare compunto e pentito le sante parole dell'orante che dal pergamo della navata venivano calate sulle orecchie dei fedeli.

Una di quelle mattine il sempliciotto fu particolarmente colpito da un brano del Vangelo cantato dal coro della cappella: «*Voi riceverete per ogn'un cento, e possederete la vita etterna*».

Stette a lungo a riflettere: era alla ricerca dei tanti significati nascosti, impliciti: avrebbe voluto approfondire, avrebbe voluto alcuni chiarimenti ... era proprio addormentato dalle sue stesse riflessioni e dubbi!

6) DIALOGO CON IL FRATE INQUISITORE

Allora del desinare si recò, come era solito fare, nel refettorio dei frati per essere interrogato dal frate inquisitore.

«Sei stato questa mattina in Chiesa per seguire la Messa?» - Messer sì - rispose prontamente il beone.

«*Udisti tu in quella cosa niuna della quale tu dubiti o vogline domandare?*».

Il sempliciotto beone non aspettava altro... era giunto il momento per avere tutte le spiegazioni della misteriosa frase.

«Ho seguito con attenzione tutta la funzione religiosa e sono stato colpito da una frase che mi ha fatto riflettere sulla pericolosa conseguenza delle vostre azioni...ho provato veramente compassione per voi frati?».

Il frate inquisitore si fece tenebroso ma nello stesso tempo desideroso di ulteriori dettagli: «Ho riflettuto - disse il beone - sulla frase evangelica "Voi riceverete per ognun cento nel Regno dei Cieli"».

Il frate non riusciva a capire il perché di tanta compassione provata dal beone per i frati.

«Messere, rispuose il buon uomo, io vel dirò: Venendo qui da voi all'ora del desinare ho visto tutti i giorni che voi frati distribuite cibo alla povera gente tratto da due caldaie di broda con gli avanzi del vostro pranzo.

Riflettendo sulle parole del Vangelo ho concluso che nel Regno dei Cieli voi riceverete tutta quella broda moltiplicato per cento e dunque un quantitativo sufficiente a farvi affogare!»

Tutti i frati risero ma l'acuto inquisitore ne colse la sottile ironia che condannava, deridendolo, la mistura brodosa distribuita alla povera gente.

Trattenne l'indignazione e l'impulso di chiamare ancora in giudizio il beone sempliciotto.
L'inquisitore non lo fece! Anche lui fece cenno di divertirsi per la battuta inaspettata e sorprendente.

7) IL BEONE VIENE CACCIATO
L'arcigno frate inquisitore tra la rabbia ed il sorriso comandò al beone sempliciotto di non farsi più vedere dai frati di quel convento.

L'avaro Erminio de Grimaldi ridicolizzato

1) Presentazione di Erminio
Viveva a Genova un tale della ricca aristocrazia terriera di nome Erminio de' Grimaldi.
Costui aveva moltissimi beni immobili in casali e terreni e moltissimi denari che lo rendevano sicuramente il più ricco uomo conosciuto in Italia.
Nonostante la ricchezza vestiva trasandato così poco curato da scandalizzare i Genovesi abituati ad essere attenti alle apparenze e alla cortesia nei confronti degli ospiti.
Messer Erminio non era disponibile a spendere neanche un centesimo per rendere piacevole l'accoglienza delle persone o per fare una qualunque beneficenza ai bisognosi.
Nella città tutti lo chiamavano Messer Erminio Avarizia.

2) Arriva in città Guglielmo Borsiere
Giunse per caso in città un signore di nome Guglielmo Borsiere.
Fu apprezzato per la sua eleganza e raffinatezza dei modi e del parlare.
Col passare dei giorni crebbe la simpatia per questo uomo ed anzi si cominciò a fare a gara per invitarlo in vari incontri provando il fascino e godendo della sua saggezza.
Queste attenzioni, talvolta esagerate, facevano indignare quelle persone della città ritenute autorevoli e onorate da tutti.

3) Messer Erminio Avarizia invita Guglielmo Borsiere
Stando per qualche tempo in città, anche Messer Guglielmo venne informato dell'avarizia proverbiale di Messer Erminio e ne provò una certa curiosità.
Anche Messer Erminio, forse per invidia, forse per vanità, compì un gesto davvero inusuale per lui.
Invitò nella sua fastosa dimora il raffinato Messer Guglielmo provando a tirar fuori dalla sua rozza anima «alcuna favilluzza di gentilezza».
Così, nel giorno convenuto, Messer Avarizia fece entrare nella sua casa sia Messer Guglielmo sia altri Genovesi della corte che particolarmente curiosi e sorpresi desideravano espugnare quella fortezza di casa piena di ricchezza e di misteri.

4) Messer Erminio Avarizia illustra le sue ricchezze agli ospiti
Messer Erminio indossando la maschera dell'anfitrione generoso e compiaciuto fece visitare le numerose stanze illustrando affreschi, stucchi, arazzi, broccati, soprammobili, statue: il tutto ben disposto quasi a forma-

re un'eccellente galleria d'arte che avrebbe fatto lasciare sbalorditi i più raffinati visitatori.
L'orgoglio e la vanità di Messer Erminio erano così accesi da spingerlo a chiedere a Messer Guglielmo un esplicito apprezzamento: «Deh, messer Guiglielmo, voi che avete e vedute e udite molte cose, saprestemi voi insegnare cosa alcuna che mai più non fosse stata veduta, la quale io potessi far dipignere nella sala di questa mia casa?»

5) La risposta pungente di Messer Guglielmo
Messer Erminio credette che niente ci sarebbe stato perché tutto ciò che è bello era già lì rappresentato. Non era così!
Messer Guglielmo aveva aspettato, la giusta occasione per ferire l'avarizia di Messer Erminio.
«Io non saprei proprio insegnare nulla perché tutto è già rappresentato ma se proprio vi fa piacere un›idea io l›avrei».
Disse Messer Guglielmo.
L'avaro Erminio stupito e curioso volle proprio sapere: «Deh, io ve ne priego, ditemi quale è dessa».
La risposta non si fece attendere.
Messer Guglielmo con frase secca e tagliente replicò «Fateci dipingere la Cortesia».
Messer Erminio impallidì perché il vero messaggio della frase era: «siete un rozzo villano non degno di frequentare gente raffinata!»
La spavalderia e il compiacimento orglioso scomparvero sostituiti da segni della vergogna.

6) Il ravvedimento di Messer Erminio
Dopo lo smarrimento Messer Erminio ebbe un sussulto di dignità e disse: «Messer Guglielmo io ce la farò dipingere in maniera che mai né voi, né altri con ragione mi potrà più dire che io non l'abbia veduta ne conosciuta».
Da allora Messer Erminio mutò comportamento e l'avarizia si trasformò in liberalità e gentilezza.
Da quel momento tutti lo rispettarono e amarono.

IL MEDICO MAESTRO ALBERTO DA BOLOGNA
SI INNAMORA

1) PRESENTAZIONE DEL PERSONAGGIO
Viveva a Bologna, alcuni anni fa, un famosissimo medico stimatissimo di nome maestro Alberto.

2) INCONTRO CON MONNA MALGHERIDA
All'età di settant'anni partecipando a una bella festa, incontrò una signora vedova di nome Malgherida dei Ghisolieri affascinante e bella donna della quale nonostante la differenza di età, si innamorò perdutamente.
Maestro Alberto aveva visto che questa donna era sempre circondata da giovani corteggiatori ma tanta era la sua passione e forse la sua incoscienza che da quel primo incontro la sua mente fu tormentata dal desiderio di poterla nuovamente incontrare.

3) L'INSISTENTE CORTEGGIAMENTO
Come fosse ritornato adolescente maestro Alberto non riusciva a dormire tormentato dal desiderio e aspettava in ansia il giorno per prendere il cavallo e passeggiare ripetutamente sotto l'abitazione di madonna Malgherida sperando di vederla.
Qualche volta, in ore diverse, andava a passeggiare in quella parte della città dove solitamente si recava la donna.

4) LE DONNE DEL VICINATO PREPARANO LA BEFFA
Ben presto le donne del vicinato capirono le intenzioni dell'anziano medico. Si misero d'accordo con madonna Malgherida e organizzarono un incontro per beffare l'innamorato maestro Alberto.
Fu allestito un simpatico "rinfresco" a base di vini raffinati e confetti in un cortile appositamente addobbato e quindi fu invitato maestro Alberto che di buon grado accettò sperando di poter parlare con l'avvenente vedova.

5) LA SCENA DELLA BEFFA
Le donne in abiti di festa, con viso sorridente tra squittii di malizioso compiacimento per il piacere di assistere alla beffa alle spalle dell'anziano medico, ricevettero con i dovuti onori maestro Alberto che sopraggiungeva a cavallo passando per lo stretto vicolo che conduceva nel cortile addobbato.
All'ignaro medico l'apparato sembrò una gioiosa conferma della disponibilità di madonna Malgherida ad una condivisione degli affetti.
Tra le risate e gli auguri allietati dello squisito vino si fece avanti l'affascinante madonna Malgherida circondata dalle comari sorridenti che disse:
«Come potete pensare, caro dottore che una bella e giovane vedova con-

tesa da tanti vigorosi giovanotti possa accettare il corteggiamento di un anziano e non più vigoroso uomo?».
Alle parole maligne si aggiungevano le risate delle comari volutamente trattenute per meglio rimarcare la beffa!
Maestro Alberto cambiò di colore e l'emozione e la rabbia affiorarono nel rossore stizzito del volto.

6) La reazione di maestro Alberto
Fece buon viso a cattivo gioco, non perse la dignità poi, dopo un attimo di riflessione disse: «È vero io non ho più le energie dei giovani e forse non potrei darvi tutte le gioie dell'amore però è lecito che un uomo continui ad amare anche perché con l'età e la cultura diviene più saggio e per questo sa rendere più felice una donna inesperta.
Io penso che voi abbiate fatto quello che ho visto fare qualche volta da molte donne quando si incontrano per consumare la merenda e mangiano i lupini e porri.
Quelle donne, non sapendo che le teste dei porri sono la parte più buona, la tengono in mano mentre mangiano le fronde decisamente amarognole e di cattivo gusto.
Penso dunque che anche voi, madonna Malgherida, abbiate fatto la stessa cosa vi mangiate i giovani ragazzi disgustosi come le fronde dei porri e non apprezzate la mia onesta sensibilità sicuramente migliore».

7) Il gusto amaro della sconfitta
Le donne cambiarono umore: la beffa cambiò direzione.
Tutte le donne rimasero con un palmo di naso e da beffarde si sentirono beffate.

8) La partenza di maestro Alberto
Maestro Alberto montò a cavallo e dopo aver salutato la bella vedova andò via.

La beffa di Martellino finto paralitico

1) Presentazione del personaggio
Viveva a Treviso un tedesco di nome Arrigo il quale sbarcava il lunario facendo servizio di facchinaggio per pochi denari.
Era benvoluto da tutti i Trevigiani per la sua rettitudine ed anche per la sua fede cristiana.

2) L'evento miracoloso
Accadde un fatto eccezionale quando Arrigo morì: le campane della «maggior chiesa di Trivigi tutte, senza essere da alcuno tirate, cominciarono a sonare».
Tutti gridano al miracolo e videro in questo prodigio la dimostrazione che Arrigo era proprio un santo con poteri di guaritore.

3) La devozione Popolare
Alcuni si recarono nell'abitazione dove giaceva la salma.
Ben presto accorsero tutti i cittadini e unanimemente decisero di trasferire il corpo del Santo nella chiesa perché fosse esposto all'adorazione dei fedeli.
Nel volgere di poche ore la chiesa si riempì di fedeli e accorsero malati e infermi condotti dai familiari perché potessero toccare qualche lembo del Santo sperando nel miracolo della guarigione.
La folla si ammassava sempre di più e la calca rendeva difficile lo scorrimento dei fedeli verso il catafalco dove era stato deposto il corpo di Arrigo.

4) L'arrivo dei tre giovani fiorentini
Passavano per caso tre giovani fiorentini di nome Stecchi, Martellino e Marchese.
Vivevano passando da una corte signorile ad un'altra guadagnando qualcosa con i loro giochi, i loro scherzi le loro caricature goliardiche e trasformazioni per mettere in ridicolo i diversi personaggi.
Si avvicinarono alla folla vociante e vennero a sapere la ragione di tanta animazione e frenesia.
Anche loro avrebbero voluto vedere da vicino il Santo ma Marchese suggerì di rinunciare «anche perché la piazza è piena di tanti Tedeschi e di gente armata che scoraggiava le velleità dei prepotenti».

5) La proposta di martellino
Martellino non si dette per vinto e con determinazione disse: « *infino al corpo santo troverò io ben modo*».

«Come farai?» Chiese Marchese.

Martellino spiegò il suo piano beffardo e truffaldino. «*Io mi contraffarò a guisa d'uno attratto, e tu dall'un lato e Stecchi dall'altro, come se io per me andar non potessi, mi verrete sostenendo, faccendo sembianti di volermi là menare acciò che questo santo mi guarisca*».

La goliardata blasfema, di pessimo gusto, piacque moltissimo ai compari che già pregustavano lo stupore della folla vedendo l'improvvisa guarigione di quel falso paralitico colpito da ictus.

6) La blasfema simulazione di Martellino nei "panni" del paralitico.

Storse le mani facendole il tremolare, inclinò la colonna vertebrale, avvicinò le ginocchia, piegò la testa storcendo la bocca e gli occhi: era diventato irriconoscibile: suscitava veramente il sentimento della pietà.

Così conciato Martellino fu sostenuto nei due lati dagli amici e in questa condizione veniva trascinato lentamente verso il catafalco mentre rispettosamente si formavano le due ali di folla.

La squallida mascherata era talmente credibile che alcuni fedeli aiutarono Marchese e Stecchi a sollevare Martellino fino a fargli toccare la salma del santo Arrigo.

7) Il finto miracolo

La folla taceva: era come in attesa e intanto elevava lo sguardo verso il Santo per implorarlo. Martellino con il suo sguardo obliquo studiava il momento giusto per iniziare il suo beffardo spettacolo teatrale.

Il respiro di tutti i fedeli sembrò all'improvviso fermarsi, l'emozione si leggeva nel volto di tutti quando si vide che Martellino lentamente allungava il braccio e distendeva le dita.

Il viso si ricollocava in linea con il tronco e gli occhi ritornavano nel loro asse orbitale.

Anche le gambe si stavano disgiungendo e si allungavano, …Martellino era stato miracolato!

8) Reazione isterica della folla

La folla proruppe in un urlo che avrebbe coperto qualunque rombo di fulmine.

La chiesa tremò per l'esplosione di giubilo della folla e all'unisono tutti invocavano santo Arrigo e chiedevano il miracolo per tutti.

9) La felicità di martellino

Sembrava che Martellino avesse raggiunto il massimo della felicità contento di aver beffato tutti i fedeli in preda ad una isteria mistica.

I suoi compagni a stento trattenevano la risata e guardavano compiaciuti quella folla sciocca e credulona.

La gioia dei giovani fu di breve durata perché all'improvviso si alzò una voce…

10) Martellino viene smascherato

Non lontano dal catafalco un uomo gridò: «Ma quello non è Martellino da Firenze che ho visto in salute qualche giorno fa?».

Il caso volle che si trovasse a Treviso un Fiorentino che ben conosceva
Martellino noto a Firenze per la sua capacità di simulare ogni situazione
mettendo in caricatura ogni personaggio beffandolo.
La rivelazione provocò un finimondo.

11) L'indignazione della folla
La folla beffata si vendicò.
Martellino fu preso a calci e pugni, gli furono strappati i capelli…
Inutilmente gridava e chiedeva la pietà in nome di Dio.…
Nessuno lo compativa.

12) L'intervento dell'autorità
I compagni fuggirono ma corsero verso le autorità preposte all'ordine
pubblico e dissero di essere stati derubati da un giovane che era nelle mani
di gente che si stava facendo giustizia da sé.
Accorsero dodici sergenti che tolsero Martellino dalle grinfie vendicative
di quella gente fortemente indignata.

13) Martellino davanti al giudice
Fu condotto al palazzo di giustizia davanti ad un giudice.
Alcuni della folla seppero dell'accusa di «tagliaborse» e si misero a seguire
i gendarmi gridando che anche loro erano stati rapinati e chiedevano il
risarcimento.
Il giudice senza molti scrupoli minacciò di morte Martellino il quale non
mostrava segni di paura ma replicava con scherno e buffonate respingen-
do ogni addebito.
Il giudice perse la pazienza e fece legare al collo l'accusato. Solo a questo
punto Martellino chiese che il giudice interrogasse gli accusatori perché
chiarissero le circostanze del reato.
I vari accusatori raccontarono menzogne senza provarle collocando il fatto
nei giorni precedenti.
Martellino per scagionarsi disse al giudice: «Chiamate pure l'oste che mi
ha ospitato e l'ufficiale del signore potranno loro dire da quanto tempo io
mi trovo in questa città».

14) La liberazione di Martellino
Ascoltate testimonianze il giudice si convinse che l'accusa era infondata
perciò Martellino fu liberato ma gli ordinò di non farsi più vedere dalle
parti di Treviso perché il capestro era sempre pronto per l'impiccagione!

TRE GIOVANI SCIALACQUATORI

1) PRESENTAZIONE DEI PROTAGONISTI
Visse a Firenze un ricchissimo cavaliere di nome Tebaldo che accumulò ingenti ricchezze facendo l'usuraio.
Aveva tre figli: Lamberto il maggiore poi Tedaldo e Agolante il minore.
Di questa grande ricchezza Messer Tebaldo non potè a lungo godere perché "venne a morte" lasciando tutti i beni ai figli.

2) DISSIPAZIONE DEL PATRIMONIO
I giovani trovandosi in tanto benessere cominciarono a spendere senza misura soddisfacendo tutti i loro capricci e necessità.
Come ben si sa la ricchezza non dura se non è bene amministrata e se non ci sono altre fonti di reddito.
Quando il denaro liquido fu completamente speso i fratelli cominciarono a vendere i beni immobili.
Purtroppo, anche questa ricchezza non poté coprire a lungo le grandi e continue spese dei fratelli scialacquatori.

3) LA RIFLESSIONE DEL FRATELLO MAGGIORE
Lamberto il fratello maggiore vedendo che il patrimonio si era assottigliato fino al punto di scomparire chiamò gli altri: «Cari fratelli prima che la povertà ci metta giudizio dobbiamo vendere quel poco rimasto e andarcene da Firenze cercando fortuna altrove».
Fece poi riflettere sulla vergogna e la condanna del loro defunto padre per tanta dissoluzione patrimoniale.

4) LA NUOVA VITA DEI FRATELLI
Tutti si convinsero decisero perciò di partire senza fare troppo clamore per non provocare l'ironia e la disapprovazione di molti.
Se ne andarono a Londra dove si misero a fare il prestito ad usura: lavoro poco dignitoso ma altamente redditizio.
In pochi anni accumularono molte ricchezze e così decisero di far ritorno a Firenze. Rientrarono in Toscana, presero moglie, ebbero figli. Stando in Toscana continuarono ad esercitare la loro professione poco onesta.
Col trascorrere degli anni si ebbe la necessità di avere a Londra una persona fidata per la cura degli interessi di famiglia.
Fu mandato dunque Alessandro, un loro nipote giovanissimo, intelligente e affascinante che ebbe la fortuna di prestare ad usura ai baroni inglesi i quali per onorare i debiti giunsero persino a pagare con la cessione dei castelli.

5) La fortuna della famiglia cambia direzione

Accadde che il re d'Inghilterra entrò in conflitto con il primo figlio e presto si formarono due fazioni a favore dell'uno o dell'altro.
Per questa nuova realtà socio-politica Alessandro dovette lasciare i castelli e perdere tutte le opportunità di guadagno.
Anche a Firenze i tre fratelli per la loro incallita abitudine a spendere tornarono poveri anche perché Alessandro non fu più nelle condizioni economiche di prestare l'aiuto necessario.
In conclusione i tre fratelli furono chiusi nel carcere!

6) Conseguenze della bancarotta familiare

Per questo dissesto economico generale «*le lor donne e i figliuoli piccioletti qual se ne andò in contado e qual qua e qual là assai poveramente in arnese, più non sappiendo che aspettare si dovessono, se non misera vita sempre*».
Anche Alessandro aspettando i tempi migliori fu costretto a modificare la sua vita: decise dunque di rientrare in Firenze.

7) Alessandro parte da Londra diretto a Firenze

Una mattina partì "*solo soletto*" sperando di incontrare qualche pellegrino diretto a Roma per sentirsi più rassicurato.
Aveva percorso già da alcuni giorni un buon tratto di strada. Ebbe anche la fortuna di poter attraversare il Canale della Manica.
Si fermò nella cittadina di Bruggia per trascorrere la notte e riprendere il cammino all'alba.

8) Alessandro incontra un corteo con un abate

Inaspettatamente vide venire sulla strada un piccolo drappello di cavalieri, monaci, servitori, riserve alimentari: stavano accompagnando un abate vestito tutto di bianco diretto a Roma. Alessandro si rivolse con amicizia ai cavalieri che erano parenti del re chiedendo di essere accolto nella loro compagnia quindi chiese chi fosse quell'Abate tanto singolarmente scortato.

9) Alessandro parla con l'abate

Alessandro continuò il viaggio con piacere in felice compagnia.
L'abate cavalcava con un'andatura leggera, spesso cambiava posizione: ora precedendo gli altri cavalieri ora accostandosi all'uno e all'altro per scambiare qualche parola.
Si avvicinò anche ad Alessandro, lo scrutò bene, si compiacque per le sue buone maniere, apprezzò anche la dolcezza del suo volto. Era affascinato per i modi garbati e la signorilità insolita in chi praticava una professione servile.
Lo invitò a parlare di sé, della sua famiglia.
Alessandro gli raccontò il dissesto economico, gli parlò dei suoi familiari di Firenze e si lamentò della situazione di attrito che era capitata nella famiglia reale d'Inghilterra.
L'abate ascoltò con attenzione ma poi lo tranquillizzò dicendo che lui avrebbe provveduto ad aiutare i familiari e intanto gli chiedeva di continuare il viaggio insieme trascorrendo in piacevoli conversazioni quel tem-

po rimanente prima di giungere in Toscana.

10) L'ABATE GIUNGE IN TOSCANA

Il tempo trascorse felicemente in piacevoli scambi di opinioni e aneddoti della propria terra di origine.
Giunsero in Toscana senza avvertire i fastidi del viaggio.
Era quasi l'ora del tramonto e l'abate decise di voler trascorrere la notte in una delle ville di quella terra.
Alessandro conosceva un oste che aveva un albergo non molto grande né bene arredato.

11) LA SISTEMAZIONE NOTTURNA

Il drappello dei cavalieri si fermò, le cavalcature furono collocate nella scuderia e tutti gli uomini trovarono un qualche angolo dove poter trascorrere le ore della notte.
L'abate venne ospitato nella camera migliore ma non adeguata per un ospite tanto importante!
Dopo aver cenato e quando ormai parte della notte era trascorsa l'abate si ritirò nella sua camera per dormire.
A questo punto Alessandro rimasto solo si rese conto che tutti i letti disponibili erano stati assegnati, solo lui non aveva una collocazione.
Ne parlò con l'oste il quale con una serafica risposta lo confortò: «Che possiamo fare? Io stesso con la mia famiglia dormiamo sulle panche però una soluzione ci sarebbe...».
«Nella camera dello abate – disse – sono certi granai, à quali io ti posso menare e porrovvi su alcun letticello, e quivi, se ti piace, come meglio puoi questa notte ti giaci».
Alessandro non avrebbe voluto disturbare l'abate anche perché il luogo era ristretto e la dignità del monaco non avrebbe consentito questa inusuale coabitazione notturna.
L'oste tagliò corto: «Fa come ti pare ma io posso risolvere il problema della privacy dell'abate con la cortina che già ho fatto tirare *io vi ti porrò chetamente una coltricetta, e dormiviti».*
In effetti l'abate non avrebbe visto nulla perché la tenda divisoria avrebbe assicurato una discreta separazione.
Per Alessandro non c'erano alternative.... fece buon viso e in silenzio si coricò vestito nel giaciglio provvisorio trattenendo il respiro per non disturbare l'abate.

12) L'INCREDIBILE E INASPETTATA SCOPERTA

Era ancora immerso nei suoi pensieri evanescenti in attesa del sonno quando Alessandro udì una vocetta appena sibilata che lo chiamava: «Alessandro non ti stupire vieni vicino a me sarai più comodo!»
L'abate non dormiva, aveva ascoltato tutto e in cuor suo coltivava il desiderio insano di potersi accostare a quel giovane così avvenente e garbato!
Alessandro aspettò ancora il sollecito dell'abate ma poi credendo che il monaco, mosso da cristiana sensibilità, non avrebbe tollerato la scomoda sistemazione notturna di Alessandro, accettò e con tanto pudore si spogliò adagiandosi in un lato estremo del letto desiderando di essere leggero e

riservato come una piuma.

Mentre il povero e disorientato Alessandro avrebbe voluto rimpicciolirsi una mano leggera e impudica gli scivolò sopra il suo petto e lo sfiorava senza ritegno.

Perplesso, confuso, balbettante disorientato con il volto quasi devastato dal calore della vergogna Alessandro non fece in tempo ad articolare una parola di senso quando l'abate togliendosi la camicetta gli disse: «Mettete la mano sopra il mio petto e presto caccerai il tuo pensiero disorientato e capirai…»

Questa volta incuriosito Alessandro sfiorò il petto dell'abate e «*trovò due poppelline tonde e sode e dilicate, non altramenti che se d'avorio fossono state*».

L'abate non era un maschio…era una avvenente signorina camuffata da Monaco!

13) NASCE L'AMORE

Finì lo stupore, finì il pudore…

I due giovani si trovarono abbracciati e presto innamorati!

Per tutta la notte si dichiararono l'eterno amore con la promessa di unirsi in matrimonio.

14) LA SPIEGAZIONE DELLA MASCHERATA

Ma cosa era successo? Perché quella mascherata con il progetto di ricevere dal papa l'autorizzazione ad assumere la dignità di abate per governare un monastero?

Fu data la spiegazione.

Il signor padre della ragazza era il re d'Inghilterra che per i suoi calcoli politici aveva deciso di far maritare la figlia con il vecchio re di Scozia.

Ovviamente questa decisione paterna contrastava con i sentimenti della giovane figlia.

15) LA RIPRESA DEL VIAGGIO

Al mattino seguente, come se niente fosse accaduto durante la notte, il drappello riprese il viaggio ma con la presenza di Alessandro che non volle fermarsi a Firenze per accompagnare a Roma la sua futura sposa.

16) IL FINTO ABATE GIUNGE A ROMA PER AVERE LA BENEDIZIONE DEL PAPA

Come era prevedibile il papa avrebbe benedetto le nozze dei due giovani dopo aver conosciuto la verità.

Le parole della ragazza pronunciate con tanto rispetto verso la Religione e l'autorità ecclesiastica commossero il Santo Padre.

«*Vi priego – disse la ragazza – che quello che a Dio e a me è piaciuto sia a grado a voi, e la vostra benedizion ne doniate, acciò che con quella, sì come con più certezza del piacere di Colui del quale voi siete vicario, noi possiamo insieme, all'onore di Dio ed al vostro, vivere e ultimamente morire*».

17) LO STUPORE DEI CAVALIERI INGLESI

Le parole del finto abate lasciarono nello stupore i cavalieri inglesi che avrebbero voluto rimproverare la ragazza per aver disobbedito al re d'Inghilterra ma davanti a tanta santa benedizione nulla poterono fare se non gioire sperando che anche il re avrebbe accettato quella unione tanto trasgressiva che sicuramente avrebbe indignato il re di Scozia sposo inutilmente promesso!

18) Il ritorno a Firenze
Dopo la Santa benedizione papale i coniugi partirono alla volta di Firenze. La donna pagò i debiti dei familiari di Alessandro. Con la felicità di tutti, i tre fratelli morosi furono scarcerati e finalmente Alessandro, in pace con la sua coscienza, poté partire con la sposa alla volta dell'Inghilterra.

19) Il ritorno in Inghilterra
Con il batticuore i giovani sposi attraversarono il Canale della Manica e presto la figlia del re tornò a casa presentando il suo sposo.
A Corte la notizia fece scalpore: tutti si aspettavano la reazione punitiva del padre che già era in conflitto aperto con l'altro figlio ugualmente ribelle. Nulla accadde!
La santa benedizione papale rasserenò gli animi di tutti.

20) Festeggiamenti a Corte
Il re proclamò la festa nazionale, il genero fiorentino fu accolto dalla folla osannante.
Alessandro fu nominato cavaliere ed ebbe in dono la contea di Cornovaglia.

21) La conquista della Scozia
Alessandro fu così abile che fece riappacificare il re con il proprio figlio e subito dopo al comando dell'esercito conquistò la Scozia e fu incoronato re di quelle terre.

Le disavventure napoletane di Andreuccio da Perugia

1) Presentazione del protagonista
Viveva a Perugia un giovane chiamato Andreuccio di Pietro che esercitava il mestiere di *cozzone di cavalli* cioè mediatore per la compravendita di questi animali.

2) Partenza per Napoli
Con altri mercanti partì da Perugia diretto a Napoli perché aveva saputo che in quella piazza si vendevano ottimi cavalli.
Prese con sé una borsa con cinquecento fiorini d'oro e pieno di entusiasmo pregustava i buoni affari che avrebbe fatto a Napoli nonostante la sua inesperienza e la scarsa conoscenza della realtà sociale di quella città.

3) Arrivo a Napoli
Giunse in quella città una domenica al calar del sole e prese alloggio in una Locanda dove ricevette utili informazioni sul mercato dei cavalli che si effettuava in una grande spianata alla periferia, non lontano dal mare.

4) Andreuccio al mercato dei cavalli
Pieno di rozza baldanza al mattino seguente si recò nel luogo per *"mercatare"* toccando e guardando i bei cavalli che dimenavano le superbe criniere e battevano gli zoccoli sul terreno sterrato.
Credeva di poter ottenere migliori risultati nelle trattative di vendita mettendo in bella vista la grossa borsa piena di fiorini e parlava con questo e quello dei venditori esagerando sulle sue fortune, sulle qualità positive dei mercanti di Perugia con i quali si facevano ottimi affari a prezzi onesti! Ben presto i passanti notarono questo rozzo provinciale che con gesti e parole si gonfiava di spocchia come un rospo.

5) L'interessamento di una bella siciliana
Il caso volle che da quelle parti capitarono una bellissima donna siciliana accompagnata da una anziana signora di notevole corporatura e piena di vigore e affabilità.
La giovane donna notò la borsa di fiorini d'oro e poco dopo passando accanto ad Andreuccio disse ad alta voce: «Chi starebbe meglio di me se quei denari fossero miei?» E passò oltre.
Come ben si comprende la bella donna aveva lanciato un invito indiretto ad Andreuccio.

6) Iᴌ ʀɪᴄᴏɴᴏsᴄɪᴍᴇɴᴛᴏ ᴅᴇʟʟᴀ ᴀɴᴢɪᴀɴᴀ sɪɢɴᴏʀᴀ
Per una strana coincidenza l'anziana signora riconobbe Andreuccio perché
conosceva bene suo padre che negli anni passati si era trasferito in Sicilia.
La vecchia si fermò, abbracciò Andreuccio gli promise che sarebbe andata
a salutarlo nella locanda quella sera stessa, poi se ne ritornò accanto alla
bella siciliana che l'attendeva non molto distante.

7) Lᴀ ʙᴇʟʟᴀ ᴅᴏɴɴᴀ ᴘʀᴇɴᴅᴇ ɪɴꜰᴏʀᴍᴀᴢɪᴏɴɪ sᴜ Aɴᴅʀᴇᴜᴄᴄɪᴏ
Molto incuriosita la bella siciliana volle sapere "tutto" di Andreuccio: nomi
di parenti, circostanze della sua vita, abitudini.
In poco tempo quel giovane forestiero era diventato per lei "uno di casa!"
Ma perché tanto interesse per Andreuccio?

8) Aɴᴅʀᴇᴜᴄᴄɪᴏ ʀɪᴄᴇᴠᴇ ᴜɴ ɪɴᴠɪᴛᴏ
Non passò molto tempo. All'ora del vespro proprio quando Andreuccio
si accingeva a ritornare in albergo giunse una *"fanticella"* della donna siciliana.
«*Messere* – disse – *una gentil donna di questa terra, quando vi piacesse, vi parleria
volentieri*».
Meravigliato Andreuccio pensò che codesta donna doveva essersi innamorata di lui ma tendeva ad escluderlo perché a Napoli quella donna avrebbe
potuto incontrare tantissimi altri giovani. Mosso dalla curiosità disse alla
fanticella: «*Or via mettiti avanti, io ti verrò appresso*».
In poco tempo arrivarono alla casa della bella siciliana che abitava in una
contrada chiamata *"Malpertugio."*

9) Aɴᴅʀᴇᴜᴄᴄɪᴏ ᴀ ᴄᴀsᴀ ᴅᴇʟʟᴀ sɪᴄɪʟɪᴀɴᴀ
Giunsero e cominciarono a salire le scale.
La donna era sul pianerottolo in capo alle scale e aspettava con ansia.
Quando vide Andreuccio scese tre gradini a braccia aperte e si lanciò ad
abbracciare il sempre più stupito Andreuccio.
Lo avvinghiò al collo, lo baciò alla fronte si mise a piangere e tra i singhioz-
zi disse: «*O Andreuccio mio, tu sii il ben venuto!*»
Il giovane era del tutto disorientato.
Fu trascinato per mano nella camera da letto.
Si collocarono seduti sopra la bella panca che si trovava in fondo al letto.
Fiori e ninnoli e mobilia raffinati rendevano l'ambiente piacevole e acco-
gliente.
Le sorprese non finivano: dopo un bel racconto commovente Andreuccio venne a sapere che suo padre, soggiornando in Sicilia, aveva messo al
mondo una bella bambina all'insaputa di tutti.
La bella bambina era cresciuta ed ora era lì davanti a lui che piangeva e
ringraziava Dio per la fortuna di avere incontrato suo fratello che si trovava a Perugia.

10) Aɴᴅʀᴇᴜᴄᴄɪᴏ ᴄʀᴇᴅᴇ ᴀʟʟᴇ ᴘᴀʀᴏʟᴇ ᴅᴇʟʟᴀ sɪᴄɪʟɪᴀɴᴀ
Andreuccio ascoltava sempre più stordito e si convinceva che quella donna era proprio sua sorella perché stava raccontando tantissimi dettagli della sua vita e dei parenti di Andreuccio che abitavano a Perugia.

Andreuccio pensò che suo padre Pietro era stato per un po' di tempo in Sicilia e probabilmente si era innamorato di qualche ragazza di quella terra. Superato lo stupore Andreuccio si indignò perché il padre non aveva detto niente ritornando a Perugia. Alla fine ringraziò Dio perché con quel suo incontro avrebbe potuto rimettere ordine ad una situazione ingiusta rimediando ai torti del padre.
Tutto finì con gli abbracci di un riconoscimento seppure falso.... ma Andreuccio non lo sapeva!

11) ANDREUCCIO VUOLE RITORNARE IN ALBERGO MA...
Si stava facendo tardi, Andreuccio voleva ritornare in albergo dove l'aspettavano i suoi compagni per la cena.
Non sia mai! Voler lasciare una sorella ritrovata?
Sarebbe stato un segno di crudeltà affettiva.
La bella siciliana con orrore grida: «*Ahi lassa me, ché assai chiaro conosco come io ti sia poco cara!*»
Il senso di colpa paralizzò Andreuccio che contro-voglia accettò di rimanere a cena.

12) ANDREUCCIO SI TRATTIENE
Così tra una bevuta, una avida mangiata e tanti brindisi trascorsero le ore e la donna astutamente prolungava il falso parlare e poi quando si avvicinava la mezzanotte esortò affettuosamente e accuratamente il falso fratello a trattenersi a dormire.
«Non posso, non posso – implorava Andreuccio – i miei compagni stanno in pensiero devo proprio ritornare in albergo!»
«Non penserai certamente di camminare nelle strade di Napoli nel cuore della notte.... Questa città è piena di insidie specialmente per chi è forestiero!» La donna lo terrorizzò e Andreuccio si convinse.

13) LA STRANA E MALEODORANTE AVVENTURA NOTTURNA Era tempo di andare a dormire. La donna indicò ad Andreuccio la sua stanza da letto da condividere con un ragazzo.
Poco dopo Andreuccio si ritirò per dormire.
Faceva caldo si spogliò e depositò tutto (borsa dei fiorini compresa) in capo a letto poi chiese al ragazzo dove fosse un gabinetto avendo gli spasmi causati anche dalle emozioni o forse dai cibi particolarmente piccanti o forse truccati ad arte!
Gli fu indicata una porticina che si apriva su un vano vuoto nel quale erano poggiate due tavole precarie che avevano la funzione di cesso.
Andreuccio inciampò in una tavola sconnessa e cadde all'interno del lurido e puzzolente vano atterrando senza farsi male in un materasso di liquame.
Il ragazzo che si aspettava quel momento, udito il tonfo, chiuse la porticina chiamò la donna siciliana la quale rapidamente nascose la borsa dei fiorini e chiuse ben bene la porta d'ingresso indifferente al destino di Andreuccio.

14) ANDREUCCIO COSPARSO DI LIQUAME FETIDO CERCA AIUTO
In mezzo a quell'orribile melma il povero Andreuccio aveva perduto la

lucidità della mente ma poi si aggrappò sul cornicione del muretto del chiassolino che confinava con la strada.
Si mise a gridare il nome del ragazzino, chiamò disperato la finta sorella si mise a battere sul portone principale.
Lo schiamazzo non aveva fine e poco dopo cominciarono ad aprirsi le finestre delle persone svegliate nel cuore della notte: «Chi picchia laggiù?» Chiedevano.
«Io sono Andreuccio fratello di madonna Fiordaliso».
«Hai forse bevuto troppo? – replicavano – vai a dormire torna domattina!» Andreuccio non ci capiva più niente.
Questa sorella così affettuosa faceva finta di non sentire!
«Ma ridatemi almeno i miei vestiti ed io me ne andrò». Implorava disperato.
Madonna Fiordaliso rimaneva sorda.

15) ANDREUCCIO SCOPRE LA VERITÀ LA VERA IDENTITÀ DI MADONNA FIORDALISO
Andreuccio capì finalmente di essere stato beffato.
Prese una bella pietra e con tutto il vigore della mano cominciò a picchiare sull'uscio tanto che i vicini si misero a rimproverarlo intimandogli di lasciare stare quella donna ben conosciuta per le sue poco onorevoli occupazioni lavorative.

16) ANDREUCCIO MINACCIATO
A questo punto un omaccione che abitava con madonna Fiordaliso per essere il suo lenone si affacciò brandendo un bastone minacciando di morte lo sventurato Andreuccio dopo averlo insultato con male parole.
Poco dopo la finestra si chiuse ma il vicinato mosso a pietà implorò Andreuccio: «*Per Dio, buono uomo, vatti con Dio, non volere stanotte essere ucciso costì: vattene per lo tuo migliore*».

17) ANDREUCCIO SI ALLONTANA SPAVENTATO
Andreuccio senza abiti, lordo di sterco umano senza più la borsa dei fiorini, spaventato a morte dalla minaccia dell'omaccione, colse al volo il suggerimento implorato dai vicini e fuggì verso l'albergo senza conoscere l'esatta direzione.
Vagando nella notte avrebbe desiderato dirigersi al mare per lavarsi ma si trovò in una via chiamata la Ruga Catalana dove incontrò due uomini con una lanterna in mano.

18) ANDREUCCIO E I LADRI
Sempre più spaventato si infilò di nascosto in un casolare dove trovò un ricovero in un giaciglio nei pressi della stalla e lì si nascose.
Anche quegli uomini erano diretti nel medesimo casolare dove depositarono alcuni attrezzi di ferro che avevano in mano.
Il puzzo insostenibile che proveniva dal nascondiglio di Andreuccio spinse gli uomini a frugare.
Lo scoprirono vedendolo rannicchiato implorante l'aiuto.
La luce della lanterna rischiarava il volto lacrimoso che suscitò pietà in quegli uomini.

«Ma che ci fai costì? Ma chi sei? Ma perché puzzi tanto? Da dove vieni?»
Andreuccio rassicurato si mise a raccontare le sue disgrazie.
«Sei stato fortunato! – dissero – tu sei andato nella casa di Scarabone Buttafuoco un lenone protettore di una bella prostituta siciliana. Non ti lamentare che hai perduto i soldi perché hai rischiato di perdere la vita se non fossi caduto nel chiassuolino».

19) ANDREUCCIO COLLABORA CON I LADRI
Andreuccio confortato, riprese vigore ed anzi fu invitato a collaborare per una impresa che gli avrebbe fatto guadagnare molti soldi: «Non potrai venire con noi se prima non ti sarai lavato… ti accompagniamo in un pozzo qui vicino…. poi verrai in una chiesa dove hanno sepolto messer Filippo Minutolo arcivescovo di Napoli».
I ladri chiarirono il progetto criminale spiegando che avrebbero sollevato il coperchio del sacello per rubare i gioielli depositati nel sepolcro dell'arcivescovo.

20) TUTTI SI DIRIGONO VERSO IL POZZO
Andreuccio accettò la proposta e si avviò verso il pozzo accompagnato dai ladri.
Nel pozzo non c'era il secchio ma i ladri trovarono la soluzione: legarono Andreuccio e lo calarono dentro il pozzo facendo scorrere la carrucola fin quando Andreuccio si trovò nel fondo dove poté lavarsi.
Non molto tempo dopo un parlottio ed un tramestio di gente che si avvicinava misero in fuga i ladri lasciando Andreuccio immerso nell'acqua.

21) I NUOVI ARRIVATI VENGONO SPAVENTATI DA ANDREUCCIO
Il lavaggio era stato effettuato e come convenuto Andreuccio tirò la corda per dare il segnale ai ladri perché lo sollevassero.
In quell'ora notturna i nuovi arrivati credettero che nel pozzo ci fosse il secchione colmo d'acqua pertanto tirarono la corda che per il forte attrito cigolava allegramente sulla carrucola.
Andreuccio fece in tempo ad aggrapparsi sul bordo del pozzo perché quegli sconosciuti vedendolo lasciarono la corda e fuggirono terrorizzati.

22) ANDREUCCIO RITROVA I COMPARI
Balzò dal pozzo e stupito non capiva perché i ladri fossero fuggiti.
Riprese la strada senza conoscere la direzione.
La fortuna continuava ad assisterlo.
Incontrò i suoi amici ladri che stavano ritornando.
Era ormai mezzanotte: con la complicità del buio e in assenza di passanti trovarono un passaggio segreto per entrare in chiesa e compiere il furto sacrilego.

23) I LADRI EFFETTUANO IL FURTO
Il sepolcro era in bella vista, quel sacello era stato coperto con una pesante lapide.
I ladri la sollevarono in un lato collocando un robusto puntello per consentire ad Andreuccio di calarsi all'interno e procedere alla sacrilega spo-

liazione.

«Prendi questo, prendi quello» ordinavano i ladri ma Andreuccio cominciò a temere un inganno a suo danno: pensò che lo avrebbero fatto morire all'interno se avesse consegnato loro il preziosissimo anello di rubino che ornava il dito del defunto. Faceva finta di non trovarlo e tergiversava poi si udirono rumori sospetti che segnalavano l'arrivo di persone all'interno della chiesa.

24) La nuova banda di ladri

I ladroni in fretta in fretta nascosero la refurtiva, chiusero il sacello con il coperchio di pietra e fuggirono lasciando Andreuccio accanto alla salma dell'arcivescovo.

Guidati da un prete, gli uomini entrati in chiesa avrebbero voluto rubare i gioielli dell'arcivescovo.

Aprirono l'arca ma nessuno era disponibile per entrare all'interno.

Il prete trovò la soluzione con il seguente argomento: «*Che paura avete voi? credete voi che egli vi manuchi? i morti non mangian uomini: io v'entrerò dentro io*»

Detto, fatto: disinvolto il prete mise il petto sul bordo del sacello e infilò le gambe all'interno tenendo la testa all'esterno. Ma....!

25) Il prete terrorizzato

Andreuccio pensò ingenuamente che erano venuti i soccorsi e lietamente afferrò le gambe del prete che penzolavano sopra la sua testa preparandosi ad uscire.

Il prete terrorizzato, pensando che fosse il demonio, emise un grido e ritirò con violenza le gambe mettendo in allarme gli altri complici ladroni.

Tutti fuggirono lasciando sollevato il coperchio dell'arca funeraria.

26) Andreuccio salvo, ritorna in albergo

Felice, Andreuccio uscì dal sepolcro tenendosi bene stretto l'anello di rubino.

Andò verso la riva del mare e vide con gioia spuntare l'alba del nuovo giorno.

Ritornò in albergo, raccontò qualche cosa all'oste senza ovviamente parlare dell'anello.

Come era prevedibile l'oste che ben conosceva pregi e difetti del luogo, avendo visto l'ingenuità di Andreuccio gli dette un consiglio fraterno: «Dai retta a me – gli disse –ritorna rapidamente a Perugia e non venire mai più a Napoli!»

Bernabò da Genova

1) Il piacevole simposio dei mercanti a Parigi
Molti mercanti italiani si incontrarono a Parigi in un albergo per discutere di affari.
Una sera dopo aver cenato con dovizia di portate e bevuto del buon vino si misero piacevolmente a conversare passando liberamente da un argomento a un altro, da uno scherzo a un altro, tra una risata e una battuta di spirito.

2) Disputa sulla fedeltà delle donne
In questo clima di leggerezza alcuni cominciarono a parlare delle donne: chi si vantava di essere un gran dongiovanni, chi ammetteva che anche la propria moglie si sarebbe potuta innamorare di altri, chi asseriva in maniera perentoria che tutte le donne per la loro natura volubile avrebbero facilmente tradito i mariti con seducenti strategie di corteggiamento.

3) Alterco tra Bernabò e Ambrogiuolo
Moltissimi annuivano ma un certo Bernabò Lomellin commerciante genovese si indignò: «Non è vero! –gridava – non è così, non tutte le donne sono uguali… Anzi io vi giuro che mia moglie donna meravigliosa e onesta, ricca di virtù morali e di non comune bellezza mai mi tradirebbe neanche se fossi lontano da lei per molto tempo…»
Risero gli altri! Lo ritennero un ingenuo forse un sognatore che non conosceva la natura femminile, la loro volubilità.
Un commerciante più disinvolto di altri, Ambrogiuolo di Piacenza, usò argomenti logici per dimostrare che le donne, essendo di natura inferiore all'uomo, mai avrebbero resistito ad un conveniente corteggiamento.
«Che speri tu che una donna naturalmente mobile, possa fare a' prieghi, alle lusinghe, a' doni, a mille altri modi che userà uno uomo savio che l'ami?»
Bernabò taglio corto: «Io sono mercante non filosofo, sono convinto che quello che dici potrebbe essere vero per le donne stolte non per coloro che hanno virtù morale come la mia donna».

4) La sfida di bernabò
Ambrogiuolo continuava a filosofare sulla debole natura femminile sostenendo che il tradimento non esiste purché lo si tenga nascosto e questo era il modo di operare delle donne!
Bernabò stanco e ferocemente indignato avanzò una scommessa: *«Metti cinquemilia fiorin d'oro de' tuoi, che meno ti deono esser cari che la testa, contro a mille de' miei.»*

Ambrogiuolo avrebbe vinto la scommessa se avesse portato le prove del tradimento della moglie di Bernabò.

5) Ambrogiuolo torna a Genova per le prove di tradimento
Ritornato a Genova il furbo Ambrogiuolo si mise a corteggiare una donna collaboratrice della moglie di Bernabò facendole doni e lusinghe affettuose finché ottenne quell'amicizia necessaria per introdursi di nascosto nella casa della signora chiamata madonna Zinevra.

6) Introduzione notturna
Con la collaborazione della domestica già corrotta realizzò un diabolico piano per trascorrere la notte nella camera da letto della moglie di Bernabò. Si infilò in un forziere che era stato trasportato in un angolo della camera e li aspettò che madonna Zinevra desse segno di sonno profondo per poter uscire da quello angusto nascondiglio.

7) Realizzazione del piano truffaldino
In piena notte alzò il coperchio e si avvicinò al letto della donna…. Il respiro era profondo, ben ritmato.
Prese un lembo del lenzuolo e dolcemente lo sollevò.
Con una lucerna ispezionò il corpo per cogliere i segni di inconfutabile identificazione.
Notò un segno personalissimo *«uno ch'ella n'avea sotto la sinistra poppa, ciò era un neo d'intorno al quale erano alquanti peluzzi biondi come oro.»*
In verità il desiderio di Ambrogiuolo era ben più malizioso… avrebbe voluto coricarsi accanto ma aveva ricevuto informazioni che quella donna era effettivamente onestissima a tal punto da essere giudicata *"cruda et alpalestra"*.
Silenziosamente Ambrogiuolo ricoprì la donna e con prudenza ispezionò la stanza con l'intento di prendere alcuni oggetti personali che sarebbero stati mostrati a Bernabò come prova del tradimento della moglie.
Nascose nella cassa una borsa, una guarnacca, qualche anello ed una cintura poi si chiude nella casa aspettando il nuovo giorno quando la fantesca traditrice sarebbe venuta a liberarlo.

8) Ambrogiuolo torna a Parigi con le prove
Dopo aver adeguatamente ripagato la domestica Ambrogiuolo se ne ritornò a Parigi contento di poter dimostrare le prove del tradimento di madonna Zinevra e riscuotere la vincita della scommessa.
In presenza dei mercanti Ambrogiuolo, pieno di maliziosa soddisfazione, mostrò a Bernabò gli oggetti trafugati alla moglie. Descrisse poi i particolari della camera da letto ma Bernabò si ostinava a diffidare della bontà delle prove perché qualunque servo avrebbe potuto collaborare consegnando gli oggetti.
A questo punto Ambrogiuolo fornì la prova regina che avrebbe fatto ammutolire e impallidire il povero Bernabò.
«Dicoti che madonna Zinevra tua mogliere ha sotto la sinistra poppa un neo ben grandicello, dintorno al quale son forse sei peluzzi biondi come oro.»
9) La sconfitta di Bernabò

Tutte le esitazioni caddero, Bernabò dovette ammettere che sua moglie lo aveva tradito!
Divenne pallido poi rosso per la rabbia, la voce divenne roca, a malapena disse ad Ambrogiuolo che il giorno seguente gli sarebbero stati consegnati i cinquemila fiorini d'oro.

10) La vendetta di Bernabò
la voglia di vendetta gli offuscò la ragione, la vergogna e l'odio lo spinsero ad una decisione criminale.
Ordinò ad un suo familiare, ben pagato, di uccidere Madonna Zinevra.

11) Il tentato omicidio
Il sicario ritornò a Genova intenzionato a compiere il delitto.
Invitò madonna Zinevra a seguirlo a cavallo per recarsi in una tenuta agricola dove avrebbero controllato alcuni lavori.
La donna non aveva sospetti perché ben conosceva quel familiare e dunque con tutta calma presero la strada solitaria che conduceva verso un vallone.
Il sicario tirò fuori un coltello e prendendo un braccio della donna con parole crude disse: «*Madonna, raccomandate l'anima vostra a Dio, ché a voi, senza passar più avanti, convien morire.*»
Quel familiare non ebbe coraggio di sferrare il colpo assassino e dettoe il tempo a Zinevra di parlare: «Ma perché mi vuoi uccidere? Cosa ti ho fatto?»
Il familiare non la uccise anzi le disse che l'ordine gli era stato dato dal marito perché offeso.
Madonna Zinevra fu liberata ma consegnò i suoi drappi, "un farsettoccio", un cappuccio con i quali il familiare avrebbe potuto dimostrare a Bernabò l'avvenuto delitto informandolo che i lupi avevano dilaniato le carni di sua moglie Zinevra.

12) La fuga di Madonna Zinevra e la trasformazione
Madonna Zinevra si allontanò frettolosamente da quel vallone e trascorsa la notte in un casolare dove una pietosa vecchietta la rifocillò e l'aiutò trasformarsi in un rozzo marinaio adattando allo scopo il vestiario, modificando poi la pettinatura tanto da sembrare un vero uomo di mare.

13) Incontro con un marinaio Catalano
Così trasformata la donna se ne venne al porto dove per un puro caso incontrò un Catalano, ricco uomo di mare, che aveva attraccato la nave ed era sceso a terra solo per i rifornimenti.
Scambiate alcune parole il Catalano accettò che quello sconosciuto marinaio potesse salire a bordo e collaborare per la navigazione.
Lo sconosciuto marinaio si faceva chiamare Sicurano da Finale cancellando dunque l'identità femminile.

14) Sicurano con la nuova identità
Imparò così bene a servire il Catalano e a collaborare per la navigazione che ben presto il capitano lo condusse nei lunghi viaggi per le operazioni

di compravendita anche nei mercati egiziani.

Un giorno il Catalano giunse con il suo carico di merci nel porto di Alessandria e consegnò al Soldano alcuni falconi pellegrini.

In quella circostanza gli presentò anche Sicurano elogiandolo per le sue virtù.

Il Soldano fu talmente attratto dalla bravura del marinaio che propose di acquistarlo e trattenerlo in Egitto nominandolo suo personale collaboratore e rappresentante.

15) Sicurano alla corte del Soldano di Egitto

Come collaboratore del Soldano ebbe molte opportunità di arricchirsi ottenendo anche onori e poteri.

Il soldano lo inviò come suo rappresentante in una fiera di Acri dove si incontravano mercanti Saraceni e Cristiani.

Sicurano vi andò accompagnato da guardie ed ufficiali per assicurare la tranquillità nello svolgimento delle trattative commerciali.

Girando una mattina tra i diversi depositi di merci incontrò molti italiani di varie provenienze: c'erano Siciliani, Pisani, Genovesi, Veneziani.

Ora con l'uno ora con l'altro Sicurano scambiava qualche parola utilizzando la sua lingua di origine.

16) Sicurano fa sorprendenti scoperte alla fiera di Acri

Per puro caso fu attratto dalla mercanzia presentata nel fondaco dei Veneziani.

Tra i vari oggetti esposti vide una bella borsa ed una bellissima cintura.

Riconobbe quegli oggetti che erano quelli trafugati nella sua camera da letto.

Senza mostrare i segni dell'emozione che stava provando chiese se quegli oggetti fossero in vendita e chi fosse il proprietario.

Dal gruppo dei mercanti si fece avanti Ambrogiuolo che era venuto in Acri con una nave veneziana per vendere la sua mercanzia.

«Messere, le cose son mie e non le vendo; ma s'elle vi piacciono, io le vi donerò volentieri.»

Mentre così parlava Ambrogiuolo ridacchiava compiaciuto tanto da provocare la reazione di Sicurano: «Ridete forse perché io uomo d'armi sia interessato ad oggetti femminili?»

Ambrogiuolo chiarì: «Messere io non rido di ciò, ma rido del modo nel quale io lo guadagnai.»

17) Ambrogiuolo racconta a Sicurano il furto a madonna Zinevra

A questo punto Sicurano volle sapere la verità dei fatti accaduti e scoprì che quell'Ambrogiuolo era stato proprio l'ignobile persona che con l'inganno aveva violato la camera di madonna Zinevra.

Seppe come Ambrogiuolo aveva sottratto gli oggetti personali e senza pudore si stava vantando anche per la menzogna raccontata a Bernabò per estorcergli cinquemila fiorini.

Con lo stesso cinismo Ambrogiuolo raccontò che quel bestione di Bernabò in preda all'ira aveva fatto uccidere la moglie come punizione del tradimento.

18) L'odio ed il progetto di Sicurano
Mentre Ambrogiuolo raccontava i suoi vergognosi misfatti Sicurano (alias madonna Zinevra) ribolliva nell'odio; faticava non poco a trattenere la voglia di sguainare la spada e troncare il capo di Ambrogiuolo ma progettava una vendetta più sottile.
Simulò l'amicizia con Ambrogiuolo, lo invitò in Alessandria, gli mise a disposizione un fondaco per le mercanzie e lo presentò al Soldano.

19) In presenza del Soldano si arriva alla verità
Ambrogiuolo credette che la fortuna stesse proprio dalla sua parte e non sospettava il tranello.
Ambrogiuolo faceva ricchi affari in Alessandria ma in quel lasso di tempo Sicurano con l'aiuto di alcuni mercanti genovesi fece venire in Alessandria Bernabò proponendogli ottimi affari.
Quando Ambrogiuolo e Bernabò si trovarono contemporaneamente in Alessandria Sicurano convinse il Soldano a convocare nel suo palazzo due commercianti italiani perché ascoltasse il racconto preciso della scommessa vinta da Ambrogiuolo.
Nonostante la resistenza iniziale Ambrogiuolo dovette raccontare per filo e per segno tutti i particolari e ovviamente le circostanze nelle quali furono trafugati gli oggetti personali di madonna Zinevra.
A questo punto ci fu il colpo di scena.

20) Sicurano svela la sua vera identità
Sicurano chiese al Soldano il permesso di chiamare la sventurata madonna Zinevra perché in sua presenza Ambrogiuolo raccontasse anche a lei tutta la verità dell'incontro notturno.
Ambrogiuolo cambiò colore, Bernabò stava perdendo i sensi temendo il fantasma della moglie.
In questo clima incredibile Sicurano si gettò ai piedi del Soldano piangendo e implorando pietà.
Si stracciò il corsetto e si denudò il petto mostrando i seni femminili: «*Signor mio, io sono la misera sventurata Zinevra, sei anni andata tapinando in forma d'uom per lo mondo, da questo traditor d'Ambrogiuol falsamente e reamente vituperata, e da questo crudele e iniquo uomo data ad uccidere ad un suo fante e a mangiare a' lupi.*»

21) La punizione del Soldano
Quel colpo di teatro di Sicurano alias Zinevra lasciò inebetiti tutti gli astanti.
Il Soldano superato lo stupore decise di punire severamente Ambrogiuolo: «*fosse al sole legato ad un palo e unto di mele, né quindi mai, infino a tanto che per sé medesimo non cadesse, levato fosse.*»

22) La felice conclusione
La storia si concluse felicemente: madonna Zinevra perdonò il marito.
Il Soldano organizzò una bellissima festa e: «*madonna Zinevra sì come valorosissima donna, onorò, e donolle che in gioie e che in vasellamenti d'oro e d'ariento e che in denari, quello che valse meglio d'altre diecemilia dobbre.*»

Finita la festa Bernabò e Zinevra partirono da Alessandria e, a bordo di una nave, ritornarono a Genova. Ambrogiuolo rimase ad Alessandria! Attaccato al palo!

Paganino da Monaco ruba la moglie a messer Ricciardo da Chinzica

1) Presentazione di Ricciardo Giudice
Viveva nella città di Pisa messer Ricciardo di Chinzica uno stimato giudice ricco e ben conoscitore di leggi.
Fisicamente non era molto affascinante e anzi era di costituzione fragile e piuttosto mingherlino.
La sua ambizione era molto elevata e credette di poter conquistare l'amore di una qualunque fanciulla affascinante che poteva innamorarsi della sua intelligenza e soprattutto della sua ricchezza.

2) Bartolomea accetta il corteggiamento del giudice
Con l'aiuto del padre ottenne i favori di una bella ragazza di nome Bartolomea.
È noto che i padri desiderano per loro figliole una buona sistemazione economica e dunque messer Lotto Gualandi padre di Bartolomea convinse la figlia ad accettare il corteggiamento del ricco giudice messer Ricciardo che purtroppo non suscitava alcuna emozione nel cuore della ragazza.

3) Celebrazione del matrimonio
Dopo il necessario corteggiamento e la doviziosa regalia di gioielli e abiti di lusso fu solennemente celebrato il rito delle nozze e organizzata una festa della quale la gente Pisana parlò a lungo per il fasto e la raffinatezza degli invitati.

4) Inizio della crisi
Nei primi mesi la giovanissima e bella Bartolomea ammagliata dal fasto e dalla ricchezza non dette importanza alle modeste qualità fisiche del marito. L'anziano giudice Ricciardo inoltre era tanto impegnato negli studi giuridici che lo rendevano disattento nei confronti della consorte era inoltre fisicamente così precario da renderlo sordo alle richieste di affetto e tenerezza della giovane moglie.

5) Le prescrizioni del giudice
Il giudice cercò argomenti giuridici e prescrizioni religiose per tenere sotto controllo le passioni smodate della moglie.
Le dette le seguenti prescrizioni: bisognava astenersi da effusioni coniugali in tutti i giorni di festa per dedicarsi alle opere pie «*aggiugnendo digiuni e quattro tempora e vigilie d'apostoli e di mille altri santi, e venerdì e sabati, e la domenica del Signore e la quaresima tutta, e certi punti della luna e altre eccezioni molte.*»

6) I sacrifici richiesti a Bartolomea

Bartolomea doveva dunque dedicare tutta la sua carica emotiva a riflettere sulle sofferenze del mondo e pentirsi di colpe per azioni che non aveva mai commesso.

La vita penitenziale e le rinunce affettive crearono indignazione nell'animo di Bartolomea e aumentavano la disistima nei confronti del marito che non riusciva a controllare la sua morbosa gelosia.

7) La gita in barca

Un giorno in piena estate per alleviare le sofferenze del forte caldo messer Ricciardo volle recarsi con gli amici vicino a Monte Nero in una località balneare dove si poteva pescare piacevolmente stando in barca.

Furono preparate due barche una per i pescatori l'altra per le loro donne che si divertivano a seguire con gli occhi le imprese sportive dei mariti.

Le barche galleggiavano piacevolmente e si allontanarono dalla riva. Tutto era piacevole: il cielo era sereno, il mare calmissimo ma poco dopo venne l'imprevisto!

Velocemente spuntò all'orizzonte una imbarcazione corsara, una galeotta con a bordo il famoso e temuto Paganino corsaro da Monaco.

8) La Fuga ed il sequestro

La barca degli uomini velocemente giunse a riva ma quella delle donne fu prontamente raggiunta dal corsaro il quale vedendo la bella Bartolomea l'afferrò e la condusse sulla galeotta fuggendo tra le urla della ragazza e lo strepito disperato delle altre donne che invocavano il soccorso degli uomini.

9) Le tenerezze di Paganino

Sulla galeotta intanto il corsaro Paganino di Monaco vedendo piangere Bartolomea cominciò a parlarle dolcemente lodando la sua bellezza, rassicurandola sulla sua sorte poi piano piano cominciò ad accarezzarla Bartolomea dava segnali di gradimento così «E venuta la notte, essendo a lui il calendaro caduto da cintola e ogni festa o feria uscita di mente, la cominciò a confortare co' fatti».

Paganino contrariamente alla visione di Ricciardo non rispettava le prescrizioni ed i divieti del calendario perciò si dedicò interamente alle effusioni affettive per risollevare lo spirito della bella Bartolomea.

La giovane donna rimase così lusingata da innamorarsi sentimentale del corsaro ed accettò di vivere stabilmente a Monaco abbandonando il marito messer Ricciardo da Chinzica.

10) Le ricerche di Messer Ricciardo

Il giudice messer Ricciardo non se ne stette rassegnato a Pisa.

Fece le dovute ricerche, si informò dovunque, scoprì che la galeotta era del corsaro Paganino di Monaco. Decise di recarsi in quella città disposto a versare qualunque cifra per il riscatto della moglie.

11) Incontro del giudice con il corsaro

Giunto a Monaco, messer Ricciardo, con l'aiuto di interposte persone, chie-

se ed ottenne un incontro con il corsaro. Paganino, ben sicuro della scelta di Bartolomea fece credere al giudice di essere ben disposto alla riconsegna della donna se ella lo avesse voluto.
Il corsaro volle beffare messer Ricciardo con le seguenti parole: «Messere, voi siate il ben venuto (…) è vero che io ho una giovane in casa, la qual non so se vostra moglie o d'altrui si sia, per ciò che voi io non conosco (…)Se voi siete suo marito, come voi dite, io, perciò che piacevol gentil uom mi parete, vi menerò da lei, e son certo che ella vi conoscerà bene. Se essa dice che così sia come voi dite e vogliasene con voi venire, per amor della vostra piacevolezza quello che voi medesimo vorrete per riscatto di lei mi darete; ove così non fosse, voi fareste villania a torre, per ciò che io son giovane uomo e posso così come un altro tenere una femina, e spezialmente lei che è la più piacevole che io vidi mai.»
Parole più sagge e rispettose non potevano essere pronunciate!
Paganino voleva però divertirsi beffando Messer Ricciardo!
L'illuso e borioso giudice si sentiva sicuro e già pregustava gli abbracci e baci della fedifraga moglie: «Per certo ella è mia moglie, e se tu mi meni dove ella sia, tu il vedrai tosto; ella mi si gittarà incontanente al collo».

12) Messer Ricciardo incontra la moglie
Se ne andarono nella casa dove alloggiava Bartolomea. La donna uscì dalla sua camera e quando vide il marito gioioso e pronto agli abbracci mise nel volto la maschera della irritazione. Con freddezza glaciale fece finta di non conoscere quell'ospite indesiderato e del tutto sconosciuto.
«Ma come - disse messer Riccardo - non mi riconosci ma io sono il tuo Ricciardo di Chinzica…son venuto a pagare il tuo riscatto».
Il giudice continuava a stupirsi e farsi domande sul perché di tutto quell'improvviso oblio.
Le parole di Bartolomea diventavano sempre più gelide e dolorose come improvvise coltellate: *«Messere, dite voi a me? Guardate che voi non m'abbiate colta in iscambio, chè, quanto è io, non mi ricordo che io vi vedessi giammai.»*
L'increscioso colloquio continuava mentre la mente ed il cuore del giudice davano segnali di tormento e di disorientamento.
A questo punto messer Ricciardo ebbe un pensiero: «Forse mia moglie ha paura dei riconoscermi davanti al corsaro e dunque vorrò parlare con lei in privato».
Chiese a Paganino il permesso di poter parlare con la moglie, soli, nella camera; Paganino con la sua solita affabilità lo acconsentì.

13) Colloquio riservato di Messer Ricciardo con la moglie
Si sedettero l'una accanto all'altro e Messer Ricciardo con il cuore spezzato: «Deh, occhio mio bello, guatami pure un poco…. sono così trasfigurato?».
La moglie sorrise gettò la maschera «No, no, mio caro! – rispose Bartolomea - ti riconosco, non sei cambiato, ti voglio solo ricordare che quando stavamo insieme eri tu a non riconoscermi perché io giovane e bella aspettavo inutilmente le tue attenzioni, le tue coccole ma tu pensavi solo alle leggi alle sentenze; speravi che io mi fossi accontentata di digiuni, delle penitenze mi hai lasciato nel desiderio più inappagato.
Ti dico dunque che voglio stare con questo uomo, con questo Paganino che

non conosce mai le feste ed è talmente rispettoso della mia giovinezza che non mi trascura né giorno né notte. È un buon lavoratore che non trascura il suo campicello né il venerdì, nel sabato né la quaresima anzi di dì e di notte ci si lavora e battecisi la lana!»

Il povero messer Ricciardo da Chinzica rimase senza parole, poi ricevette il colpo finale.

«E però con lui intendo di starmi e di lavorare mentre sarò giovane; e le feste e le perdonanze e i digiuni serbarmi a far quando sarò vecchia».

14) Messer Ricciardo viene cacciato dalla moglie

Messer giudice fu invitato ad andarsene.

Se ne tornasse pure a Pisa a dirlo ai suoi parenti perché con un vecchio non sarebbe mai più tornata.

La bella Bartolomea aveva sbagliato una volta ma non intendeva perseverare nella convivenza con un distratto e incapace ed inoltre vecchio brontolone pieno di penitenze e sacrifici!

Senza alcun rispetto per le debolezze di messer Ricciardo la sfrontata a Bartolomea aggiunse parole davvero insolenti e pungenti: «Andate, e sforzatevi di vivere; ché mi pare anzi che no che voi ci stiate a pigione, sì tisicuzzo e tristanzuol mi parete» e concluse con parole velenose: «che quando costui mi lascerà (ché non mi pare a ciò disposto, dove io voglia stare), io non intendo per ciò di mai tornare a voi, di cui, tutto premendovi, non si farebbe uno scodellin di salsa».

15) La triste conclusione

A malapena messer Ricciardo da Chinzica trovò la forza per alzare le gambe ed uscire dalla stanza!

Un pallafreniere giace con la moglie del re Agilulfo

1) Presentazione del personaggio

Al tempo del dominio dei Longobardi nella città di Pavia, sede del regno, risiedeva Agilulfo re dei Longobardi che aveva sposato la bella Teudelinga rimasta vedova del re Autari.

2) Il palafreniere si innamora della regina

La bellezza della regina affascinava tutti i sudditi ma la persona più innamorata era il pallafreniere addetto alla cura del cavallo della regina che aiutava durante le cerimonie e le diverse parate.

3) Le attenzioni nei confronti della regina

Il pallafreniere era particolarmente orgoglioso e cercava di preparare il cavallo con tutti gli ornamenti e le bardature più ricche per soddisfare i desideri dell'amata sovrana.

Cavalcava accanto alla regina per proteggerla assistendola nelle necessità o nelle difficoltà della cavalcata.

Sognava giorno e notte di poterla abbracciare.

Era talmente innamorato che aveva paura di confessarlo a se stesso.

Era consapevole della sua bassa condizione sociale, della sua origine umile e quantunque fosse un bellissimo uomo non sperava minimamente di far breccia nel cuore della splendida regina.

4) La follia d'amore del palafreniere

L'amore rese folle il pallafreniere a tal punto da fargli decidere o il suicidio o una qualche impresa disperata per arrivare alla regina e poterla accarezzare di nascosto senza temere la sicura pena di morte.

In questa condizione di palese follia escogitò un piano temerario e suicida: entrare nella stanza da letto della regina nel pieno della notte imitando il comportamento del re Agilulfo.

5) Il Folle piano

Per qualche giorno studiò il comportamento del re stando nascosto nel salone di separazione delle due camere da letto che ospitavano rispettivamente il re e la regina.

Il pallafreniere vide che qualche volta il re si recava nella camera della regina «inviluppato in un gran mantello e aver dall'una mano un torchietto acceso e dall'altra una bacchetta».

Vide inoltre che il re batteva con la bacchetta la porta una o due volte e subito la governante apriva e rapidamente gli toglieva la torcia fuggendo nella sua stanza privata senza guardare il volto del re.

6) La realizzazione del folle piano

Senza temere la morte il pallafreniere scelse la notte giusta per quella impresa suicida.

Si mascherò con un mantello simile a quello del re, si coprì il volto, prese una bacchetta e tenendo in mano una torcia picchiò all'uscio della regina.

Gli fu aperto, gli fu tolta la torcia poi rapidamente si infilò nel letto tutto tremante per l'emozione ma poi facendosi coraggio accarezzò il corpo vellutato di Teudelinga.

La regina non disdegnò quelle effusioni ritenendo che il re fosse più delicato e amorevole del solito.

Poco dopo il pallafreniere, con il cuore palpitante, camminando tastoni uscì dalla camera ed ancora emozionato si infilò nel suo letto presso il dormitorio della servitù rimanendo a lungo in dormiveglia incapace di riprendere la solita tranquillità emotiva.

7) Anche il re visita la regina

In quel lasso di tempo anche Agilulfo modificando le abitudini di sempre si recò nella camera della consorte che stupita gli disse: «O signor mio, questa che novità è stanotte? Voi vi partite pur testé da me; e oltre l'usato modo di me avete preso piacere, e così tosto da capo ritornate?».

Il re rimase perplesso, con difficoltà giunse alla conclusione che una qualche persona era entrata di nascosto nella camera della regina.

Non disse nulla dei suoi sospetti, né chiese altri dettagli per individuare l'intruso.

8) Ricerca del colpevole

Uscì dalla camera e si recò immediatamente nel dormitorio della servitù perché nessun altro estraneo sarebbe potuto entrare nel palazzo reale.

Tutti dormivano, il respiro era profondo e per molti rumoroso.

Pensò che il colpevole non poteva respirare profondamente perché il suo cuore doveva essere ancora agitato per il breve tempo trascorso.

Ad uno ad uno tastò il petto dei dormienti e ben presto individuò il serviente che aveva battiti cardiaci accelerati senza tuttavia scoprire l'identità.

Con delle forbici tagliò una fezza di capelli per scoprire al mattino il vero responsabile della temeraria azione notturna.

Se ne andò poi senza far rumore e si recò nella sua camera da letto convinto di poter dare un nome al fedifrago al quale sarebbe stata comminata l'ovvia pena di morte per l'oltraggio fatta la regina e alla corona.

9) Lo stratagemma del pallafreniere

Il palafreniere era sveglio e aveva capito la ragione di quel taglio della fluente capigliatura cercò un qualche stratagemma per non essere identificato.

Si procurò un paio di forbici e tagliò parte della capigliatura di tutti i servitori che dormivano nella camerata.

10) La convocazione del re

Al mattino seguente il re convocò tutti gli addetti ai diversi servizi del palazzo reale per scoprire finalmente il responsabile di quel grave oltraggio fatto alla regina. Dette ordine tassativo di non aprire le porte del palazzo fino a quando non avesse individuato il responsabile. Con un suo grande stupore vide che tutti avevano la capigliatura parzialmente tagliata perciò fu impossibile identificare l'artefice della temeraria impresa notturna.

11) Le riflessioni del re e la decisione finale
Senza parlare si mise a riflettere sull'opportunità di procedere ad una indagine meticolosa con interrogazioni, minacce e torture.
Temeva che tanto scalpore avrebbe fatto diffondere la notizia tanto riservata e fortemente lesiva della onorabilità della regina.
Prese dunque la seguente decisione: non dire a nessuno la ragione vera di quella convocazione.
Fece credere a tutti che il rimprovero era diretto a quell'anonimo burlone che aveva effettuato il taglio dei capelli.
Il re Agilulfo dunque dopo aver guardato negli occhi tutti i servitori disse loro: «*Chi 'l fece nol faccia mai più, e andatevi con Dio*».
L'assemblea fu sciolta ma ognuno si chiedeva a che cosa mai si fosse riferito il re Agilulfo ritenendo eccessivo il richiamo ufficiale per un ingenuo taglio della capigliatura!

Ricciardo Minutolo ama la moglie di Filippello Fighinolfi

1) Presentazione di Riccardo Minutolo
Viveva a Napoli un nobile giovane di nome Riccardo Minutolo il quale era famoso per le sue avventure amorose e la sua furbizia talvolta sfrontata.

2) Ricciardo corteggia Madonna Catella
Si innamorò di una delle donne più belle della città madonna Catella sposa di Filippello Fighinolfi il quale però era eccessivamente geloso.
Nonostante la gelosia Filippello era sicuro della fedeltà della moglie e pertanto con il passare del tempo dedicava meno attenzioni alla moglie.
Ricciardo provò a corteggiare madonna Catella ma ricevette risposte di fastidio e di rifiuto confermando la fama di donna fedele nonostante i limiti del buon Filippello.

3) Riccardo usa l'inganno per vincere la resistenza di Catella
Ricciardo provò ogni forma di corteggiamento per accendere la passione di Catella senza alcun risultato positivo.
Non si dette per vinto escogitò dunque una strategia utilizzando un trucco disonesto.
Si mise a corteggiare un'altra donna che frequentava lo stesso gruppo di amiche di Catella.
A questo punto Catella senza timore di essere importunata accettò di scambiare qualche parola con Ricciardo scherzando anche sui nuovi amori di questo seducente uomo.
Un giorno, si era nel colmo dell'estate, mentre le amiche giocavano in riva al mare Ricciardo si rivolse a Catella con le seguenti parole: «Madonna Catella, tu ripetutamente hai respinto tutte le mie passate attenzioni rifiutando il mio affetto perché hai voluto onorare tuo marito purtroppo mi risulta che il bravo Filippello non è altrettanto fedele con te ed anzi so per certo che sta corteggiando proprio mia moglie!».
Ricciardo convinse Catella dicendole che la sua stessa moglie gli confessò le attenzioni che riceveva dal furbo Filippello il quale aveva avuto l'ardire di invitarla al bagno in una delle mattine seguenti.
A Catella sembrava impossibile tutto questo ma Ricciardo per convincerla le disse che sua moglie si prestava ad una dimostrazione: «All'ora nona quando tutta la gente si stava riposando si sarebbe recata all'indomani in un determinato luogo riservato della spiaggia accogliendo l'invito disonesto di Filippello».
Ma poi aggiunse: «Ora non credo io che voi crediate che io la vi mandassi; ma, se io fossi in vostro luogo, io farei che egli vi troverrebbe me in luogo

di colei cui trovarvi si crede».
La gelosa Catella cadde nel tranello ed anzi si disse disponibile a prendere il posto di sua moglie per fare una maliziosa e vendicativa sorpresa al fedifrago Filippello.

4) Catella va all'appuntamento

Ricciardo con la collaborazione di una donna del posto che aveva una camera senza finestre predispose in tutti i dettagli il piano segreto ed indicò a Catella il luogo preciso dell'incontro.
All'ora nona del giorno seguente complice quella donna del posto, si introdusse nella camera bene oscurata e aspettò l'ignara Catella convinta di trovarsi davanti al marito!
Emozionata, sudaticcia piena di rabbia giunse Catella chiedendo alla complice se qualcuno la stesse aspettando.
«Vi sta aspettando» fu la risposta affermativa e aperto l'uscio si introdusse nella camera buia.

5) L'incontro segreto

Sentì un sibilo di voce: il furbo Ricciardo cercò di imitare la voce di Filippello: «Ben vegna l'anima mia!».
La prese per mano e l'accompagnò per darle piacevole ospitalità.
Catella frenando lo sdegno volle recitare la parte di una amante segreta e si abbandonò alle dolci effusioni amorose.
L'animo era però turbato, l'emozione le lacerava il cuore e la rabbia montante era pronta ad esplodere.
«Ahi quanto è misera la fortuna delle donne!» Gridò indignata poi le parole di sdegno fluirono senza argini: «Io, misera me! già sono otto anni, t'ho più che la mia vita amato, e tu, come io sentito ho, tutto ardi e consumiti nello amore d'una donna strana, reo e malvagio uom che tu se'».
A questo punto Catella volle fare al finto marito la grande rivelazione per punirlo e vendicarsi: «Adesso mio caro traditore ti dico la vera identità di questa donna che tu credi la tua amante… Io son Catella tua moglie e non quella poco di buono della moglie di Ricciardo che desideravi fosse tua amante!».La rabbia di Catella non aveva mai fine ma Ricciardo non parlava ed il suo silenzio indignava la moglie di Filippello.
«Ché non rispondi, reo uomo? Ché non di'qualche cosa? Se'tu divenuto mutolo udendomi? In fè di Dio io non so a che io mi tengo, che io non ti ficco le mani negli occhi e traggogliti.»
Catella era fuori dalla grazia di Dio: sconvolta, delusa, tormentata dai ricordi delle attenzioni delicate date da lei a questo indegno e ingrato fedifrago.
Ricciardo si compiaceva in cuor suo ascoltando parole che suonavan minaccia per Filippello. Catella disse poi: «Avrei potuto accettare le lusinghe di Ricciardo ma non l'ho fatto per rispetto di te che ti sei dimostrato un rozzo cane. Ebbene – proseguì – se io avessi lui, non mi potresti con ragione biasimare».
Catella era un fiume in piena: veleni, minacce, rimorsi, delusioni, disperazione insomma un complesso di stati d'animo si riversavano dal cuore alla bocca in un crescendo di urla e pianti senza fine.

6) La svolta: Ricciardo dice la verità
Ricciardo decise di interrompere quella farsa beffarda che rischiava di trasformarsi in tragedia.
Afferrò con forza Catella, l'abbracciò: «Anima mia dolce, non vi turbate; quello che io semplicemente amando aver non potei, Amor con inganno m'ha insegnato avere, e sono il vostro Ricciardo».

7) La reazione di Catella: dalla rabbia alla pacificazione
Catella si gettò con un balzo fulmineo dal letto e stava per gridare «aiuto» Ricciardo le serrò la bocca con le mani e poi con voce mielata fece il seguente ragionamento: «Non vi conviene denunciare questo mio inganno perché la gente non crederebbe che voi siete entrata in questa stanza contro la vostra volontà. Non vi conviene neppure mettere in contrasto vostro marito con me perché qualcuno di noi potrebbe soccombere con grave danno per tutti e a voi deriverebbe grave danno all'onore.
La gente penserebbe piuttosto che la vostra rabbia contro di me sarebbe scaturita dal mancato guadagno di un compenso pattuito tra noi due.
Infine, a voi non verrebbe mai alcun vantaggio per una pubblica denuncia dunque - concluse Ricciardo – ci conviene essere prudenti, non raccontare la storia a nessuno ed anzi gioire per le ore piacevoli che ci siamo donate sapendo che io vi ho sempre amato».
Il furbo Ricciardo convinse Catella la quale tramutò la rabbia in lacrime silenziose con la preghiera di essere liberata da quella morsa vigorosa che le chiudeva la bocca.

8) Catella asseconda il desiderio di Ricciardo
Le parole dolci e le carezze rasserenarono Catella la quale dopo le necessarie riflessioni si convinse che l'esperienza effettuata non era stata così traumatica.
Nei giorni successivi gli incontri affettuosi vennero riproposti in un clima di condivisa armonia e amicizia.

Lo stolto Ferondo
sepolto e resuscitato

1) Presentazione dell'Abate

C'era in Toscana una famosa badia (che ancora oggi esiste) collocata in un luogo poco frequentato governata da un saggio monaco ritenuto da tutti persona santa per le tante opere di bene.

Il monaco aveva il difetto di essere troppo tenero con il genere femminile di cui subiva facilmente il fascino malizioso.

2) Le passeggiate con Ferondo

L'abate passeggiava spesso nel giardino della badia e talvolta si intratteneva con un agricoltore molto ricco ma altrettanto ignorante grezzo nei modi.

Quando non aveva altri passatempi si divertiva ad ascoltare le stravaganze di questo contadino di nome Ferondo.

In una di queste conversazioni l'abate seppe che Ferondo aveva una bella moglie della quale era follemente geloso tanto da provare tormento per la paura che altri uomini se ne potessero invaghire.

3) L'abate chiede di conoscere la moglie

Il furbo monaco vorrebbe conoscere questa donna e con astuti argomenti religiosi convinse Ferondo a ritornare nel giardino della badia con la moglie per poter parlare delle beatitudini della vita eterna ed anche delle opere di bontà dei santi che hanno dato lustro alla fama della Chiesa.

Ferondo ne parlò alla moglie la quale non solo accettò l'invito ma espresse il desiderio di potersi confessare e «chiesene la licenzia da Ferondo ed ebbela».

4) La confessione della donna

In «camera caritatis» come si suol dire, la donna gettò la maschera e raccontò all'abate tutto il suo disagio e la sofferenza che provava per la convivenza con questo ricco villano. «ma io, considerato chi è Ferondo e la sua stultizia, mi posso dir vedova».

Confessò di provare profondo disprezzo e sentirsi oppressa per l'atteggiamento possessivo e persecutorio di Ferondo. Avrebbe desiderato di uscire da quella condizione di schiavitù e respirare l'aria della libertà.

5) La risposta dell'abate

L'abate capì che si era presentata una buona occasione per una fortunata conquista amorosa.

«Figliuola mia, - esordì con la voce protettiva e serena - *io credo che gran*

*noia sia ad una bella e dilicata donna, come voi siete, aver per marito un mentecat-
to, ma molto maggiore la credo essere l'avere un geloso».*
L'abate con astuzia assecondò il giudizio negativo della moglie di Ferondo
perché aveva già pensato al rimedio alle sofferenze della donna.
«Ci penso io - disse il monaco - a trovare la soluzione».
L'abate propose il rimedio cioè la morte e la resurrezione di Ferondo dopo
avergli fatto espiare la pena del Purgatorio.
La donna non riusciva a capire! Scongiurò l'abate di non farla rimanere
vedova ma il monaco la rassicurò: «Non rimarrai vedova -noi con certe
orazioni pregheremo Iddio che in questa vita ritorni et egli il farà».
Non solo ritornerà in vita lo sciocco Ferondo ma sarà finalmente guarito
dal male della gelosia perché i monaci avevano preparato la giusta medi-
cina.

6) IL PREZZO DELLA GUARIGIONE

Quando la donna si sentì tranquilla chiese all'abate quale sarebbe stato il
compenso richiesto per la prestazione effettuata.
Con tutta la delicatezza del caso l'abate chiese la consolazione pari a quella
che sarebbe derivata alla donna per la guarigione del marito.
La donna tranquillizzata rispose: «Se così è, io sono apparecchiata» e volle
sapere come gli avrebbe potuto dare quella consolazione.
«Adunque, – disse l'abate – mi donerete voi il vostro amore e faretemi
contento di voi, per la quale io ardo tutto e mi consumo».

7) L'ABATE TRANQUILLIZZA LA DONNA DISORIENTATA

La donna rimase disorientata: non pensava che i monaci avessero desiderato certi piaceri della terra che non sono compatibili con la santità di cui
l'abate era famoso.
Il monaco si stupì, aveva già pronta la risposta: «Anima mia bella, non vi
maravigliate, ché per questo la santità non diventa minore, per ciò che ella
dimora nell'anima e quello che io vi domando è peccato del corpo».
Oltre a questo ingannevole sofisma ne aggiunse un altro per tranquillizzare il senso del peccato che turbava la donna: «dovete inoltre sapere che
la vostra bellezza è così intensa che piace anche ai santi «che sono usi di
vedere quelle del cielo».
La moglie di Ferondo poteva stare tranquilla!
Avrebbe avuto l'assoluzione per questo eventuale peccato!
D'altra parte, l'abate chiedeva alla donna quella consolazione che ella stessa desiderava: «Quello che vi chiedo - disse il monaco - è di potervi dare
la consolazione che Ferondo vi avrebbe dovuto dare facendovi la notte
compagnia».
La donna era tormentata dagli scrupoli, pensava al pettegolezzo del vicinato ma il bravo monaco trovo la risposta giusta.
La gente conoscendo la santità del monaco avrebbe pensato solo agli incontri spirituali per consolare una futura vedova distrutta dal dolore.

8) LA DONNA VIENE COMPLETAMENTE PERSUASA

L'abate che ben conosceva l'anima femminile trovò alla fine l'argomento
decisamente convincente.

«io ho di belli gioielli e di cari, li quali io non intendo che d'altra persona
sieno che vostri».

Tutte le obiezioni furono eliminate.

9) L'esecuzione del progetto

Seguendo l'indicazione dell'abate la moglie di Ferondo convinse il marito
a trascorrere qualche giorno in convento per delle opere pie a beneficio
della sua salute spirituale.

Ferondo così fece ed iniziò un cammino di purificazione per il recupero
della fede.

L'abate aveva una polverina narcotizzante che spesso usavano i santoni
orientali per i loro viaggi onirici e godere delle estasi del paradiso.

Questa polverina aveva la proprietà di far dormire per periodi più o meno
lunghi a seconda della dose assunta.

10) Ferondo viene condotto in Purgatorio

La pozione con la polverina fu somministrata e Ferondo cadde come morto.

I monaci ne dettero notizia ai familiari e prestissimo furono celebrate le
esequie tra lo stupore dei parenti e del vicinato.

La cerimonia della tumulazione fu di breve durata e quando tutti se ne
tornarono nelle loro case Ferondo fu traslato in una camera oscura dove
venivano rinchiusi monaci macchiati di qualche colpa.

Fu denudato, vestito con il saio monacale e lasciato a dormire aspettando
che l'effetto della polverina narcotizzante svanisse.

11) L'abate va a consolare la vedova

Quella stessa notte l'abate andò riscuotere la ricompensa a casa della vedova.

Trascorse tutta la notte a consolare la moglie di Ferondo tranquillizzan-
dola che il marito sarebbe ritornato in vita dopo aver scontato le pene del
Purgatorio.

In questo lasso di tempo la vedova era autorizzata a farsi consolare dal
monaco tanto innamorato quanto pio nell'anima come lui stesso si era de-
finito.

Le consolazioni sarebbero durate parecchio tempo perché quel peccatore
di Ferondo doveva scontare la pena di un anno di penitenze.

12) Ferondo espia la pena in Purgatorio

All'interno del Purgatorio l'abate aveva mandato un monaco bolognese
addetto a somministrare cibo e frustate al peccatore perché si purificasse
dai suoi peccati e dalla colpa di gelosia.

Quando Ferondo si svegliò trovandosi nella camera buia fu convinto dal
monaco fustigatore di trovarsi nel Purgatorio dove avrebbe dovuto scontare la pena voluta da «Domeneddio Perché tu fosti geloso, avendo la
miglior donna che fosse nelle tue contrade»

Ferondo comprese che era necessario sottoporsi alla punizione e per due
volte al giorno accettava di buon grado di essere frustato dall'angelo fustigatore promettendo che, tornato in vita, sarebbe diventato il miglior marito del mondo giurando che «mai non la batterò, mai non le dirò villania…e
la lescierò fare ciò che ella vorrà».

13) Gli effetti delle consolazioni

Mentre Ferondo soffriva e si purificava nel buio del Purgatorio fittizio, nel mondo della luce naturale stava accadendo qualcosa di grave: cresceva nel grembo materno un bambino frutto delle consolazioni.

L'abate si preoccupò e temette le gravi conseguenze per la futura scoperta di quella novità.

Decise prontamente di correre ai ripari.

Si doveva immediatamente sospendere la pena del peccatore Ferondo e farlo resuscitare traendolo dal Purgatorio al regno dei vivi.

14) La resurrezione di Ferondo

«L'abate adunque la seguente notte fece con una voce contraffatta chiamar Ferondo nella prigione, e dirgli: – Ferondo, confortati, ché a Dio piace che tu torni al mondo; dove tornato, tu avrai un figliuolo della tua donna, il quale farai che tu nomini Benedetto, per ciò che per gli prieghi del tuo santo abate e della tua donna e per amor di san Benedetto ti fa questa grazia».

Ferondo pieno di gratitudine ringraziò Domeneddio ed il pio abate che ebbe tanta bontà e pazienza nel perseverare con le preghiere fatte con la moglie e la benedizione di San Benedetto.

Trovò parole di riconoscenza non solo per la decisione di Domeneddio ma soprattutto per l'opera del pio abate che ebbe cura di quella dolcissima moglie «caciata, melata, dolciata».

15) L'uscita dall'avello funerario

Nell'ultima cena del Purgatorio bevve ancora del vino con una piccola dose di polverina narcotizzante e si addormentò rimanendo privo di coscienza per quelle poche ore necessarie per il cambio degli abiti e la deposizione nell'avello funerario.

Alle prime luci del mattino Ferondo era già sveglio e illuminato dai raggi del sole si mise a gridare e spingere il coperchio dell'avello «Apritemi, Apritemi» e intanto sollevava sempre più quel coperchio semiaperto.

Le urla giunsero alle orecchie dei monaci che avevano concluso le preghiere e canti del «Mattutino».

Molti monaci ignari di quella incredibile messinscena fuggirono spaventati ma l'abate trattenendoli disse loro: «Figliuoli, non abbiate paura, prendete la croce e l'acqua santa e appresso di me venite, e veggiamo ciò che la potenzia di Dio ne vuol mostrare –; e così fece».

Fatti i riti necessari e aspersa l'acqua santa nell'avello Ferondo fu fatto uscire.

16) La mutazione di Ferondo

Il pallore del viso per il lungo periodo di oscurità aveva reso irriconoscibile lo sciocco Ferondo.

Quando vide l'abate gli andò incontro, si gettò ai suoi piedi con animo commosso e disse: «Padre mio, le vostre orazioni, secondo che revelato mi fu, e quelle di san Benedetto e della mia donna, m'hanno delle pene del purgatoro tratto e tornato in vita, di che io priego Iddio che vi dea il buono anno e le buone calendi, oggi e tuttavia».

17) Le raccomandazioni del pio abate
L'abate lieto di questa nuova disposizione d'animo di Ferondo lodò Dio
e invitò il pentito villano a ritornare a casa e consolare la povera moglie
che per tutto quel tempo è stata in lacrime a chiedere grazie a Dio per la
resurrezione del marito.

18) La nuova vita di Ferondo
La resurrezione di Ferondo mise in subbuglio tutto il paese: la gente fug-
giva alla vista di Ferondo ma poi prevalse la curiosità. Ferondo cominciò
a raccontare gli incontri di amici e parenti defunti che stavano spiando la
pena nel Purgatorio.
Ferondo era particolarmente ansioso e preoccupato per quanto gli era stato comunicato da Demeddio in Purgatorio cioè la prossima nascita di suo
figlio.
Non trascorse molto tempo, la moglie aveva completato il periodo della
gestazione e psicologicamente si preparava per il lieto evento.
Ferondo aveva preannunciato ai paesani lieto evento per il quale ringraziò
Dio perché aveva concesso alla moglie una gestazione molto breve della
quale Ferondo si faceva vanto.

19) Il volto della nuova famiglia di Ferondo
Il bimbo nacque fu chiamato Benedetto Ferondi.
La moglie Finalmente poter gioire di almeno due favorevoli nuove situazioni: la prima che Ferondo era diventato veramente tollerante, paziente,
non più geloso e contento delle libere uscite della moglie; la seconda che
sentiva molto spesso il dovere di andare a ringraziare il bravo e pio abate
che con le sue preghiere e consolazioni a favore della signora di Ferondo
aveva portato felicità in quella famiglia.

20) Anche l'abate è felice
Felicità maggiore la provava l'abate perché quella generosa donna «quando
acconciamente poteva, volentieri col santo abate si ritrovava, il quale bene
e diligentemente ne' suoi maggior bisogni servita l'avea».

Frate Alberto si traveste da Agnolo Gabriello
per sedurre una donna

1) Premessa
«*Usano i volgari un così fatto proverbio: – Chi è reo e buono è tenuto, può fare il male e non è creduto*».

Anticamente credevano che i religiosi fossero maestri di ipocrisia «*li quali, co' panni larghi e lunghi e co' visi artificialmente pallidi e con le voci umili e mansuete nel domandar l'altrui, e altissime e rubeste in mordere negli altri li loro medesimi vizi*».

2) Frate Alberto le origini
Uno di questi religiosi si faceva chiamare frate Alberto da Imola ma il suo nome era Berto della Massa.

Prima di entrare in convento per farsi frate minore questo uomo aveva condotto una vita scellerata e corrotta tanto che i suoi concittadini di Imola lo evitavano temendolo e disprezzandolo.

Fu costretto a lasciare la città di Imola e trasferirsi «come disperato a Vinegia».

In questa città ebbe un ripensamento delle sue malefatte. Si pentì, divenne umile e si convertì al cattolicesimo finché decise di entrare in convento divenendo seguace di San Francesco come frate minore con il nome di Frate Alberto.

3) Frate Alberto predicatore
A Vinegia divenne un bravo predicatore.

Esperto di Peccati arringava i fedeli dal pulpito della chiesa gettando anatemi contro i ladroni, i ruffiani, i falsari, gli omicidi.

Era diventato così bravo da poter simulare con le lacrime il grande dolore per la passione di Cristo Salvatore.

In poco tempo i Veneziani furono affascinati da questo umile frate e a lui affidavano i segreti, infine gli lasciavano l'eredità, gli chiedevano consigli.

Le donne lo preferivano come confessore rivelandogli segreti e malefatte, tradimenti e pettegolezzi.

A tutti frate Alberto dava saggi consigli ed elargiva benevole assoluzioni.

In primo tempo si diffuse per tutta la laguna veneta la fama di santità di frate Alberto da Imola.

4) La confessione di donna Lisetta
«*Ora avvenne che una giovane donna bamba e sciocca, che chiamata fu madonna Lisetta da ca'Quirino, moglie d'un gran mercatante che era andato con le galee in Fiandra, s'andò con altre donne a confessar da questo santo frate*».

Madonna Lisetta era molto ciarliera e riferì molti particolari della sua vita privata tanto che il frate le fece una domanda diretta: «Avete qualche amante?».
La donna si mostrò turbata perché aveva una altissima considerazione della propria bellezza e non riteneva degno nessun uomo di Venezia.
Stizzita rimproverò il frate: *«Deh, messere lo frate, non avete voi occhi in capo?... Quante ce ne vedete voi, le cui bellezze sien fatte come le mie, che sarei bella nel paradiso?»*
Frate Alberto se ne innamorò ma non approfondì il discorso: le dette l'assoluzione e la benedisse.

5) L'ORIGINALE IDEA DEL FRATE PER SEDURRE
Il frate fece trascorrere pochi giorni poi ebbe una brillante idea per trascorrere una notte con monna Lisetta.
Si recò a casa di quella donna vanitosa e sciocca e quando si trovò nella sua stanza senza altri familiari le si gettò ai piedi tutto sofferente e rattristato implorandola di concedergli il perdono.
Monna Lisetta non capiva ma frate Alberto le spiegò che dopo la confessione della domenica trascorsa l'Agnolo Gabriello si presentò a lui nel colmo della notte, per rimproverarlo.
L'Agnolo con un bastone maltrattò il frate perché non aveva saputo apprezzare la bellezza della ragazza il cui splendore eguagliava le donne del Paradiso.
Monna Lisetta rimase a bocca aperta, credette ciecamente alle parole del frate e avrebbe voluto altri particolari di quell'incontro.
Il frate raccontò che l'Agnolo era innamorato ed era adirato con lui ma lo avrebbe perdonato se si fosse recato da monna Lisetta per chiederle il perdono per l'offesa fatta alla celestiale bellezza; le disse inoltre che l'Agnolo espresse un desiderio molto riservato.
A questo punto il frate tacque ma incuriosì monna Lisetta.

6) IL DESIDERIO SEGRETO DELL'AGNOLO GABRIELLO
Il gioco era fatto! Frate Alberto raccontò tutta la sua favoletta che nascondeva il tranello.
Monna Lisetta piena di stupore e di compiaciuta vanità invitò frate Alberto ad essere più esplicito.
«Ebbene - riprese a dire - l›Agnolo Gabriello è molto innamorato di voi perché siete ancora più bella delle donne del Paradiso e vorrebbe farle compagnia per una notte ma essendo Spirito dovrebbe incarnarsi in un corpo umano e sceglieva proprio il mio. La mia anima si trasferirebbe in Paradiso per il tempo strettamente necessario all›incarnazione nel mio corpo dello Spirito Angelico».
Disse inoltre che avrebbe voluto che, durante la notte, la porta di casa fosse leggermente aperta per poter entrare nella camera di Lisetta e farle grazia della sua venerazione.

7) MONNA LISETTA IN PARADISO
Monna Lisetta era già entrata in Paradiso tanto ammaliata da queste parole e lusingata per il dono che l'Agnolo Gabriello le avrebbe fatto!

Quando riacquistò la piena consapevolezza monna Lisetta di buon grado avrebbe acconsentito al desiderio dell'Agnolo ad una condizione che egli non avrebbe dovuto lasciare mai la Vergine Maria e che continuasse ad amarla standole ai suoi piedi come veniva raffigurato nelle pose pittoriche. Insomma, la brava Lisetta temeva che l'Agnolo Gabriello preso dal folle amore per il suo corpo femminile abbandonasse l'adorazione spirituale per la Vergine Maria!

8) IL FRATE PASSA ALL'AZIONE
Stesse proprio tranquilla monna Lisetta, rassicurò frate Alberto, l'Agnolo neppure per un attimo avrebbe dimenticato la Vergine Maria!
Venne la notte. Frate Alberto mascherato da Agnolo con le sue brave ali piumate entrò furtivamente nella camera da letto della Luisetta.
Il bianco fulgore dell'abito e delle ali intimidì la donna che subito si inginocchiò con reverente atteggiamento.
L'Agnolo la benedì e la invitò a recarsi nel letto.
Tutto avvenne nel massimo del rispetto e della angelica dedizione.
Quegli incontri notturni si fecero abbastanza frequenti e l'Agnolo con la solita attenzione celestiale dava le benedizioni alla estasiata monna Lisetta sempre più paziente e generosa.

9) MONNA LUISETTA RACCONTA I DONI NOTTURNI DELL'AGNOLO GABRIELLO
La sciocca e vanitosa Lisetta raccontò la storia segreta ad un'amica del cuore ed espresse il suo compiacimento per le celestiali attenzioni dell'Agnolo che confermavano la sua incredibile bellezza da far stupire le stesse donne del paradiso.
La maliziosa amica raccontò il segreto all'una e all'altra amica finché tutta Venezia conobbe la storiella beffarda di questo Agnolo misterioso.

10) L'INTERVENTO DEI COGNATI DI MONNA LISETTA
I cognati di Lisetta, messi in allarme volevano scoprire l'identità del misterioso Agnolo Gabriello e decisero di vigilare sulle mosse notturne di questo Agnolo innamorato.
Una notte frate Alberto con la solita maschera di angelo bianco entrò nella casa di monna Lisetta ma aveva visto ombre nascoste e si era messo in all'erta senza tuttavia rinunciare al dolce incontro con la bella donna.
Aveva tolto le sue ali e l'abito dell'angelo quando all'improvviso udì un frenetico scalpiccio all'uscio.
Colse il pericolo e prima ancora che la porta si aprisse si gettò dalla finestra cadendo nelle acque del Canal Grande nuotando fino a raggiungere la sponda opposta e chiedere ospitalità nella casa di un signore ancora incredulo e semiaddormentato.

11) IL TUFFO NOTTURNO NEL CANAL GRANDE VIENE RACCONTATO
Chi fosse quel nuotatore notturno, perché fosse nudo, da dove venisse non era dato di sapere mancando le fonti ufficiali!
Tuttavia, sul ponte di Rialto già si parlava di quell'Agnolo notturno che si era tuffato nelle acque tremole della notte veneziana e soprattutto si vociferava delle trappole preparate dai cognati della bella Lisetta.

12) La beffa dell'ospite
L'ospite dell'Agnolo fuggiasco che aveva capito le malefatte del nuotatore
notturno e si era informato delle dicerie del Ponte di Rialto voleva divertirsi alle spalle di frate Alberto (alias agnolo Gabriello) gli disse dunque:
«sai non potrai uscire da qui perché tutti ti stanno aspettando per darti una
sonora lezione a meno che...».

13) La proposta per liberare frate Alberto
La soluzione fu la seguente: doveva travestirsi o con la maschera di orso o
con la maschera di uomo selvatico perché in quel giorno a Piazza San Marco ci sarebbe stata una festa mascherata con il tema della caccia all'orso.

14) La nuova maschera di frate Alberto
Riluttante il frate accettò la maschera di uomo selvatico. Viso abbruttito
con i dovuti accorgimenti, un bel bastone nodoso in una mano, due canacci
nell'altra, la catena al collo, le gambe pelose e possibilmente storte: erano
queste le modifiche da apportare per il salvacondotto della fuga.

15) Il tradimento del beffatore
Di nascosto, a tradimento, il beffatore padrone della casa ospitante aveva
mandato astuti collaboratori per comunicare a tutti i veneziani che finalmente avrebbero visto in volto il famoso Agnolo Gabriello nuotatore notturno del Canal Grande ora mascherato da uomo selvatico.
Alla notizia la gente cominciò a fare calca nelle varie straduzze di Venezia:
da ogni vicolo sbucava la gente e nei vari campi e campielli della città si
soffermava per qualche commento e poi confluiva sulla grande Piazza San
Marco.

16) Il trasferimento dell'uomo selvatico alis Agnolo Gabriello
Nell'ora convenuta l'uomo selvatico (alias agnolo Gabriello) uscì di casa
brutto peloso, stortignaccolo, viso sfigurato da ceroni e tinture.
Il frate aveva in una mano un bastone nell'altra teneva al guinzaglio dei
cagnacci, una catena penzolante dal collo era trattenuta da quel traditore
padrone di casa. La gente incuriosita lo guardava e rideva e con malignità
diceva l'un l'altro: «*Che* xè quel? che xè quel?».
Lo zotico uomo selvatico giunse ansimante a Piazza San Marco e sudava
per il fastidio che gli veniva procurato dal ronzio e dalle punture di tafani
e mosche che si appiccicano nella sua pelle cosparsa di «mêle et unto».

17) La sceneggiata del benefattore
La piazza era gremita: guardava e pregustava il piacere della scoperta.
Il beffatore si divertiva e minacciava la folla contro la quale avrebbe scatenato l'uomo selvatico ma poi all'improvviso gridò le seguenti parole:
«*Signori, poi che il porco non viene alla caccia, e non si fa, acciò che voi non siate
venuti in vano, io voglio che voi veggiate l'agnolo Gabriello, il quale di cielo in
terra discende la notte a consolare le donne viniziane*».

18) Il riconoscimento di Frate Alberto
Detto questo, il beffatore tolse la maschera all'uomo selvatico e tra lo stu-

pore di tutti fu riconosciuto frate Alberto.
Si scatenò la furia dei presenti.
Seguirono parole sconce, insulti, lanci di immondizia, sputi, urla furibon-
de, bastoni minacciosi roteavano nell'aria.
Questa volta frate Alberto sarebbe volato realmente in cielo senza le ali
dell'Agnolo Gabriello se non fossero sopraggiunti sei robusti fratoni che
prelevarono il confratello e lo riportarono malconcio in convento.

19) LA PUNIZIONE
Dicono i pettegoli che frate Alberto fu portato nelle carceri del convento e
lì tenuto a soffrire fame e sete.
Di lui non si seppe più nulla!

Pietro Boccamazza sposa l'Agnolella

1) Premessa
Un giovane di nome Pietro Baccamazza figlio di una nobile famiglia Romana si innamorò di Agnolella figlia di Gigliozzo Saullo persona affabile ma di bassa condizione economica.
La disparità di ceto sociale rendeva quasi impossibile un'unione matrimoniale tra i due giovani.

2) Ostacolo al matrimonio
Tutti i parenti di Pietro intervennero per ostacolare questo amore: biasimarono e minacciarono Pietro per scoraggiarlo; mandarono poi loro rappresentanti perché dicessero a Gigliuzzo Saullo «*che a niun partito attendesse alle parole di Pietro (…), che mai per amico né per parente l'avrebbero*».

3) La fuga dei fidanzati
In questo clima di tensione e di odio Pietro con l'assenso del futuro suocero decise di fuggire con la bella Agnolella dirigendosi verso Alagna dove Pietro aveva alcuni parenti dei quali si fidava.
Con due cavalli intrapresero il viaggio.
I due giovani erano emozionatissimi e spesso si fermavano per scambiarsi effusioni amorose.
Pietro non conosceva bene l'itinerario. Dopo aver percorso circa otto miglia da Roma nei pressi di un bivio sbagliarono direzione.
Cavalcarono ancora per altre due miglia e videro un piccolo castello abitato da un signorotto che era in conflitto con la famiglia degli Orsini con i quali Pietro era imparentato.

4) L'incontro con un drappello di cavalieri nemici
Dopo poco tempo giunse un drappello di cavalieri armati.
Le guardie chiesero ai due fidanzati le generalità e dopo una breve consultazione il comandante prese la decisione: «*Questi è degli amici de' nimici nostri; che ne dobbiam fare altro, se non torgli quei panni e quel ronzino e impiccarlo per dispetto degli Orsini ad una di queste querce?*»
La fortuna volle che, proprio quando Pietro si stava spogliando, all'improvviso sbucarono dal bosco venticinque fanti che spesso facevano agguati per rubare i beni del signorotto del castello e prendere in ostaggio le guardie.
Quei pochi soldati colti di sorpresa, essendo di numero inferiore rispetto agli assalitori, si dettero alla fuga e in breve tutti se ne andarono.

5) I fidanzati si separano

Agnolella visto il pericolo, in un lampo salì sul suo ronzino e si infilò in un sentiero del bosco.
Pietro, ancora nudo tentò alla meglio di riprendersi le sue cose, saltò in groppa al suo ronzino e fuggì nel sentiero del bosco dove credeva si fosse infilata l'Agnolella.
Cercò di ritrovare le impronte del cavallo, cercò eventuali tracce della sua ragazza, si mise a chiamare.
Il bosco si faceva sempre più fitto, i diversi sentieri che lo solcavano gli confondevano le idee mentre nel suo cuore si abbatteva l'angoscia.

6) Pietro disperato rinuncia alle ricerche

Agnolella non rispondeva al suo richiamo e intanto il sole stava tramontando.
Dopo aver girato inutilmente si convinse che tutto era perduto. Sapeva che in quel bosco, durante la notte, si aggiravano branchi di lupi e si potevano incontrare anche degli orsi.
Affranto, disperato, rassegnato al peggio, legò il cavallo ad una quercia e si arrampicò sull'albero salendo fin dove le forze glielo consentirono.
Fame, sete, paura, stanchezza… il povero Pietro era diventato uno straccio!
Nel cielo si era alzata la luna: né nuvole, né foschia disturbavano la vista e Pietro accovacciato tra i rami sospirando e piangendo guardava intorno rimanendo sveglio per tutta la notte.

7) Il destino di Agnolella

L'Agnolella dopo aver imboccato un altro sentiero tentò di chiamare ripetutamente Pietro ma non udì risposta.
Cavalcò per altre due miglia e si trovò non lontano da una casupola abitata da vecchi che erano stati pastori e barcaioli vivendo con la vendita di legname e prodotti ovini.
«O figliuola, che vai tu a questa ora così sola faccendo per questa contrada?»
Le disse il vecchio che si affacciò sull'uscio della casupola.
Agnolella piangendo raccontò di essersi persa nel bosco e di non sapere dove fosse il suo fidanzato.
Chiese inoltre quanto stesse lontano il paese di Alagna a cui il buon uomo rispose: *«Figliuola mia, questa non è la via d'andare ad Alagna, egli ci ha delle miglia più di dodici».*
Ottenne l'ospitalità per trascorrere la notte accontentandosi di dormire nell'unico letto accanto ai vecchi.
L'Agnolella non aveva altra scelta: da quelle parti arrivavano spesso ladri e malfattori che non avrebbero portato rispetto alla bella ragazza e poi, nel cuore della notte vagavano i lupi di cui ululati già cominciavano a farsi sentire.

8) Aspettando l'alba

La notte trascorreva con il tormento della paura, del rimorso per la fuga, per l'incertezza del futuro.Le lacrime scendevano copiose dai suoi occhi persi nel buio; i singhiozzi suscitavano la pietà dei vecchi impotenti per la difficoltà di prestarle l'aiuto.

9) L'arrivo dei briganti

Il cielo stava aprendosi lentamente e all'orizzonte baluginii incerti erano messaggeri del sorgere del nuovo sole.
Agnolella persa nel suo dramma tendeva l'orecchio ad ogni fruscio... poi...
Un tramestio crescente la mise in allarme.
Il vecchio l'avvertì che stavano arrivando degli uomini malvagi che spesso si fermavano per fare bisboccia nella sua casa.
Agnolella doveva nascondersi urgentemente.
Balzò dal letto, uscì nel retro dove erano stati ammassati cumuli di fieno.
Si fece un passaggio e si adagiò sotto l'erba secca.
Gli omaccioni smontarono da cavallo, si fecero aprire la porta.
Videro nella stalla il ronzino di Agnolella e credettero che qualcuno fosse in agguato.
Si convinsero che il cavallo era fuggito e dettero ordine ai vecchi di predisporre la tavola per mangiare.
Il pasto fu consumato tra le urla, le canzonacce e molte bestemmie.
Però dopo i briganti ripresero le armi e se ne andarono.

10) L'Agnolella giunse nel castello

L'Agnolella, ormai sicura, uscì dal nascondiglio ringraziando i vecchi per lo scampato pericolo.
«Te ne devi andare, ti accompagneremo noi – disse il vecchio – fino ad un castello che dista cinque miglia. Il Signore è uno della famiglia Orsini un certo Liello di Campo di Fiore».
Si misero in marcia, a piedi, perché il cavallo era stato portato via dei briganti.
Giunsero dopo tre ore.
Agnolella potè entrare nel castello e con sorpresa fu accolta da una donna di sua conoscenza al servizio di Liello.
Seguirono baci e abbracci e sospiri di sollievo alla fine Agnolella raccontò tutta la sua brutta disavventura.
Si parlò anche di Pietro e l'Agnolella venne a sapere che il suo innamorato era amico del marito della brava donna.

11) Sulle tracce di Pietro

Pietro aveva trascorso la notte accovacciato tra i rami della quercia evitando l'assalto dei lupi. Solo il cavallo subì la sorte infausta tra la disperazione di Pietro impotente nel poterlo salvare.
Fattosi giorno Pietro esitava ancora prima di scendere dalla quercia.
Guardò in lontananza e vide una striscia di fumo che si alzava da un vivace fuoco.
Si decise, scese dalla quercia e corse per un miglio prima di giungere alla meta.

12) Pietro tra i pastori

Accanto al fuoco c'erano i pastori con i loro cani. Sulla brace rovente bolliva del latte ed erano collocate carni di agnello.
Pietro fu accolto, i pastori ne ebbero pietà e lo sfamarono.
«C'è forse una qualche villa o castello non lontano da qui?» Chiese Pietro.

«Certamente! C›è il castello degli Orsini di Liello di Campo di Fiore».
Risposero.
Finalmente Pietro gioì sapeva che li avrebbe trovato amici.

13) Pietro nel castello di Liello di Campo di Fiore.
Due pastori lo accompagnarono.
Come era prevedibile fu accolto affettuosamente nel castello.
Tutti vollero sapere cosa gli fosse accaduto.
Raccontò anche della sua fidanzata dispersa nel bosco e nella gola un nodo
gli impedì di parlare ancora.
I presenti capirono finalmente chi fosse quella ragazza accompagnata dal-
la coppia di vecchi.
Quando Pietro potè controllare la sua forte emozione implorò i presenti
perché la aiutassero e cercare Agnolella.

14) La fine di un incubo
A questo punto si fece avanti quella brava donna moglie dell'amico di Pie-
tro: «Vieni Pietro... ti faccio conoscere una persona che ti vuole parlare!»
Gli disse.
Pietro entrò in una camera e vide la sua amata Agnolella.

15) Conclusione
Della commozione, della sorpresa, dei pianti liberatori, degli abbracci e
baci è inutile parlare!
Furono celebrate le nozze in quel castello a spese di Liello di Campo di
Fiore. Qualche giorno dopo molti si recarono a Roma per mettere fine al
contrasto con i genitori.
Agnolella e Pietro vissero in amore per il resto della vita!

Nastagio degli Onesti

1) Situazione iniziale
Viveva nella città di Ravenna un giovane di nome Nastagio degli Onesti.
Nastagio apparteneva ad una famiglia ricca nella quale erano dominanti
due figure maschili cioè il padre e suo zio.
Accadde però che per un incidente di mare i due fratelli morirono e Nasta-
gio rimase unico erede titolare di una enorme ricchezza.

2) Nastagio si innamora
Come solitamente accade Nastagio si innamorò di una ragazza figlia del
nobile messere Paolo Traversaro.
La giovane donna oltre ad essere nobile e ricca era bella, forse troppo e
queste qualità alimentarono un eccessivo sentimento di superbia di vanità
ostentata quasi insultante e sprezzante nei confronti degli altri.
Questo atteggiamento rendeva la giovane non incline ad un rapporto di
simpatia con il prossimo.

3) La sofferenza di nastagio.
Come è noto l'amore è cieco e Nastagio aveva perso la sua lucidità mentale
accecato dal fascino che questa donna emanava.
Moltissime volte si mostrò simpatico e disponibile con lei ma ogni volta le
risposte erano di disprezzo e di indifferenza.
Nastagio non si dava per vinto e continuava ad ossequiare questo monumento di bellezza femminile accettando rifiuti e mortificazioni finché entrò
in una crisi profonda che lo avrebbe trascinato al suicidio.

4) La decisione di Nastagio e la nuova vita
Dopo tante sollecitazioni dei parenti e degli amici Nastagio decise di andarsene.
Si trasferì con tutto il necessario per la sopravvivenza nella pineta a ridos-
so del mare di Ravenna nella località di Classe.
Cominciò ad organizzare feste con gli amici cene simpatiche e così, a poco
a poco, Nastagio si rasserenò prendendo interesse per le altre ragazze e
godendo dei suoi beni materiali alimentando amicizie e simpatie.

5) Uno strano fatto
Un giorno accadde un fatto strano di cui si parlò a lungo a Ravenna ritenendolo incredibile e frutto di un delirio collettivo.
Una tarda mattinata dunque, prima dell'ora di pranzo, Nastagio si adden-
trò nella fitta pineta meditando sul suo passato e forse sul destino ultrater-

reno di suo padre e di suo zio.

In questa condizione di sospensione tra la realtà e l'immaginazione udì all'improvviso un latrato crescente di cani, un correre disperato e vide una donna nuda inseguita da un uomo armato di coltellaccio desideroso di straziare il corpo indifeso della ragazza. Nastagio si bloccò in mezzo al sentiero e si predispose per fermare l'assassino «*Nastagio, non t'impacciare, lascia fare a' cani e a me quello che questa malvagia femina ha meritato*».

Nastagio sorpreso non capiva come mai quel personaggio misterioso l'avesse chiamato per nome dal momento che non gli era mai stato presentato. Malgrado ciò Nastalgio lo apostrofò con parole minacciose e sprezzanti. «Non ti vergogni forse di volere aggredire questa indifesa fanciulla e per di più con questa schifosa bestiaccia?» Il cavaliere misterioso allora si fermò. «Ora ti dico chi sono e perché mi accingo a fare questa giustizia che tu credi crudele. Io sono Guido degli Anastagi e quando tu eri bambino mi innamorai di questa ragazza ma ella fu così crudele superba e sprezzante che per disperazione «*io un dì con questo stocco, il quale tu mi vedi in mano, come disperato m'uccisi, e sono alle pene etternali dannato*».

Il cavaliere, parente di Nastagio morto negli anni passati, scontava la pena dl reato di suicidio e la faceva scontare alla sua aguzzina morta anch'essa. Il cavaliere giustiziere per volere della giustizia divina eseguiva quel rituale cruento replicandolo all'infinito «*fuggirmi davanti e a me, che già cotanto l'amai, di seguitarla come mortal nimica, non come amata donna; e quante volte io la giungo, tante con questo stocco, col quale io uccisi me, uccido lei e aprola per ischiena, e quel cuor duro e freddo, nel qual mai né amor né pietà poterono entrare, con l'altre interiora insieme, sì come tu vedrai incontanente, le caccia di corpo, e dolle mangiare a questi cani. Né sta poi grande spazio che ella, sì come la giustizia e la potenzia d'Iddio vuole, come se morta non fosse stata, risurge e da capo incomincia la dolorosa fugga, e i cani e io a seguitarla*».

Questa cruenta e inesorabile scena di morte e di resurrezione si sarebbe replicata tutti i venerdì a quella stessa ora in quel medesimo luogo della pineta.

Dopo queste parole il cavaliere giustiziere di Dio portò ad esecuzione la condanna.

Lo strazio fu incredibile, Nastagio tremava e balbettava per la paura ma poco dopo il corpo straziato della donna riprendeva consistenza, resuscitava e presto riprendeva a fuggire.

In poco tempo dopo l'affannoso correre della ragazza inseguita dal latrato dei cani nella pineta tornò il silenzio mentre in lontananza si disperdevano le voci residuali in questa dissolvenza progressiva.

6) Il progetto di Nastagio

Inebetito Nastagio non sapeva in quale direzione dirigersi ma a poco a poco riprese la consapevolezza.

L'esperienza drammatica vissuta gli suggerì un progetto a suo beneficio.

Ritornò a Ravenna dai suoi parenti e amici dicendo loro: «per molto tempo mi avete esortato a non spendere inutilmente la mia ricchezza nella speranza di fare innamorare la superba e bella figlia di Paolo Traversaro ebbene, mi avete convinto però mi dovete promettere che vi recherete dal nobile Paolo Traversaro per convincerlo a partecipare ad un banchetto che

io allestirò nella pineta di Classe per il venerdì.
Ovviamente tutti voi dovrete partecipare.

7) Preparativi per il banchetto in pineta
Ai parenti la richiesta di Nastagio parve ragionevole e «*quando tempo fu, coloro invitarono li quali Nastagio voleva, e come che dura cosa fosse il potervi menare la giovane da Nastagio amata, pur v'andò con gli altri insieme*».
La superba figlia di Paolo fece questo favore eccezionale.
Nastagio fece collocare le tavole della mensa, le panche per sedersi. Fece portare gustose e variate vivande ma lui stesso stabilì il posto dei commensali.
Proprio davanti ad una determinata pianta, nella piccola radura dove sapeva ci sarebbe stato il rito tragico collocò il posto per la superba e bella figlia di messer Paolo Traversaro.

8) Il giorno del banchetto in pineta
È venerdì, i commensali banchettano allegri; anche la bellissima figlia di Paolo è rilassata e meno superba del solito.
Si gusta il cibo. Il soffio ameno che viene dal mare rende tutto più piacevole.
È l'ultima vivanda e già le donne garrule parlano del ritorno a Ravenna quando dal cuore della Pineta preceduta dalle urla, sbuca la nuda fanciulla inseguita dai cani famelici e dal cavaliere giustiziere che brandisce lo stocco.
I commensali si alzano dalle panche, sono trasecolati fissano increduli l'evento incapaci di prendere una decisione.
Alcuni si fanno coraggio e vogliono intervenire.
A tutti viene data la spiegazione e tutti impietriti stanno a guardare il tragico rito di espiazione: morte, crudeltà e risurrezione si ripropongono mentre i volti pallidi e terrorizzati di tutti guardano e inorridiscono paralizzati dal panico.
Ritorna il silenzio le urla strazianti della ragazza accompagnate dai latrati si allontanano per spegnersi nel cuore della pineta… in lontananza!
Torna il brusio delle persone e la mente di ognuno si perde nella riflessione sul senso della vita e della morte.

9) Il nuovo orientamento della figlia di messer Paolo
La più colpita dell'evento fu la figlia del nobile messer Paolo Traversano la quale pensò che anche per lei la giustizia divina avrebbe preparato un identica espiazione per la sua colpa di superbia e di ostentata vanità.
Questa riflessione modificò l'atteggiamento nei confronti delle attenzioni di Nastagio.
Finita la festa, ritornati tutti a Ravenna a distanza di pochi giorni la figlia di messer Paolo mandò segretamente la sua personale cameriera a casa di Nastagio invitandolo a farle visita di cortesia per iniziare un rispettoso rapporto di amicizia.
Nastagio accolse di buon grado l'invito ma volle che un eventuale approfondimento dell'amicizia si effettuasse dopo le celebrazioni delle nozze.
Così avvenne.
Dicono che tutte le donne di Ravenna trassero motivo di riflessione dai

fatti accaduti a Nastagio tanto che da allora in poi le donne divennero più accomodanti e disposte al corteggiamento degli uomini.

Pietro di Vinciolo trascura la moglie

1) Presentazione del protagonista

«*Fu in Perugia, non è ancora molto tempo passato, un ricco uomo chiamato Pietro di Vinciolo, il quale, forse più per ingannare altrui e diminuire la generale oppinion di lui avuta da tutti i perugini, che per vaghezza che egli n'avesse, prese moglie*».

Pietro di Vinciolo si sposò controvoglia per tacitare il pettegolezzo che a Perugia le malelingue diffondevano sulla sua omosessualità.

2) La particolare donna sposata

Fu questa una decisione poco saggia perché la donna che prese per moglie non solo era una normale femmina ma avrebbe desiderato sposare due uomini.

3) Litigi con la moglie

Le conseguenze si videro dopo poco.

Quella donna bella e fresca entrò presto in conflitto con il marito perché quasi tutte le sere era lasciata sola.

Il marito usciva con gli amici per divertirsi e rientrava a casa dopo la mezzanotte quando la moglie dormiva.

Dopo molti litigi e parole offensive la moglie chiese consiglio ad una anziana signora che godeva della stima di molti ed era ritenuta saggia e buona cristiana dedita alle preghiere e alle cerimonie religiose della "perdonanza".

4) I consigli della saggia donna

«Solo il buon Dio potrebbe darti un buon consiglio per la tua condizione di moglie trascurata dal marito» le disse quella brava donna.

«Io posso dirti – proseguì la signora saggia – ho perduto molto tempo a rincorrere la coerenza e la perfezione nel comportamento senza mai trovare la felicità. Quando mi sono trovata vecchia e brutta tutti mi trascurarono e il destino fu quello di guardare la cenere accanto al focolare».

Con cautela, con estremo pudore le dette un suggerimento peccaminoso.

«Mia brava ragazza – le disse ancora – non pensare che io in gioventù sia stata una santarellina perché qualche esperienza in più me la sono permessa ed ho imparato che gli uomini hanno moltissimi interessi e si dedicano a tante faccende con entusiasmo e perseveranza, purtroppo sono poco attenti alle iniziative affettuose nei confronti di noi donne… si stancano presto. Ti posso ben dire che *una femina stancherebbe molti uomini, dove molti uomini non possono una femina stancare*».

Dopo le tante parole contro i mariti quella brava vecchia dette un cattivo suggerimento.

«Ricordati – disse – *quando c'invecchiamo, né marito né altri ci vuol vedere anzi ci cacciano in cucina a dir delle favole con la gatta, e a noverare le pentole e le scodelle* e per di più ci canzonano».

La vecchia si spinse così avanti nei suoi consigli da offrire la sua disponibilità a trovare lei stessa nuovi compagni per sostituire il marito sempre stanco!

5) La giovane moglie incontra nuovi giovani

«Avvenne che dovendo una sera andare a cena il marito con un suo amico il quale aveva nome Ercolano, la giovane impose alla vecchia che facesse venire a lei un garzone».

Quella sera dunque la vecchia mandò a casa della giovane moglie un bel ragazzo per il quale era stata preparata la cena in assenza di Pietro.

6) La sorpresa imprevista

Proprio quando i due amanti si erano accomodati in tavola Pietro chiamò all'uscio perché gli fosse aperta la porta.

La moglie entrò nel panico: non sapeva dove poter nascondere il giovane. Dalla camera si poteva accedere in una loggetta che dava sul cortile interno e lì c'era una cesta grande per le galline.

Il giovane impaurito vi si nascose e la signora coprì il tutto con un *pannaccio d'un saccone,* poi andò ad aprire la porta.

7) La moglie esprime il suo fastidio per l'arrivo imprevisto

«*Molto tosto l'avete voi trangugiata questa cena!*» Esclamò irritata la moglie nascondendo il suo disagio.

«Non abbiamo mangiato niente – rispose il marito – anzi ora ti dico quello che è accaduto».

8) Il racconto di Pietro

Pietro di Vinciolo raccontò che quando con il suo amico Ercolano si erano messi a tavola con la consorte udirono un improvviso starnuto.

Ercolano si alzò e si diresse in un sottoscala dove era un *"usciolo"* dal quale si poteva scendere in una cantina all'interno della quale erano stati stesi dei veli per essere imbiancati dai vapori dello zolfo.

Ercolano fece diradare il fumo irritante e vide, steso a terra, un uomo che non riusciva a respirare tanta era l'irritazione della gola!

Lo prese per un piede e lo strascinò fuori ma il giovane aveva già perso i sensi sia per lo zolfo che per la paura.

Ercolano senza pietà, gridando come un pazzo voleva prendere un coltellaccio per vendicare il tradimento.

La moglie impaurita aprì la porta e chiedendo aiuto si precipitò verso le case del vicinato perché qualcuno accorresse per fermare Ercolano.

A quel punto Pietro decise di intervenire per tentare di convincere l'amico a non commettere un inutile delitto.

Giunsero tempestivamente vicini che trattennero Ercolano; afferrarono lo sventurato giovanotto e lo aiutarono per fuggire.

9) L'indignazione la condanna della moglie di Pietro

Il racconto esaltò moltissimo la signora moglie che si indignava per il comportamento disonesto della moglie di Ercolano.

Si mise a condannare quella apparente santarellina che si permetteva di tradire il marito e portarsi l'amante dentro casa nascondendolo in un sottoscala!

«Che maladetta sia l'ora che ella nel mondo venne, ed ella altressì che viver si lascia, perfidissima e rea femina che ella dee essere, universal vergogna e vitupero di tutte le donne di questa terra; la quale, gittata via la sua onestà e la fede promessa al suo marito e l'onor di questo mondo, lui, che è così fatto uomo e così onorevole cittadino, e che così bene la trattava, per un altro uomo non s'è vergognata di vituperare, e sé medesima insieme con lui. Se Dio mi salvi, di così fatte femine non si vorrebbe aver misericordia; elle si vorrebbero occidere; elle si vorrebbon vive vive mettere nel fuoco e farne cenere»

Mentre continuava questa giaculatoria di iperboli truculenti per punire le donne infedeli si ricordò che il suo amante stava sotto la cesta di galline pertanto sollecitò il bravo Pietro ad andare a riposarsi sul letto.

Pietro con tutta l'educazione espresse il desiderio di mangiare qualcosa perché non aveva mangiato.

Con perfida risposta la moglie gli ricordò che i suoi guadagni erano molto magri e che lei non voleva guadagnare illecitamente come faceva la moglie di Ercolano.

Buono buono Pietro stava rinunciando al pranzo e si avviava verso il suo lettuccio quando…Ohi!Ohi!

10) Pietro scopre l'amante della moglie

Un grido di dolore venne dalla loggetta esterna.

«Cosa è stato?» Pietro si diresse verso la loggetta da dove proveniva il grido.

Vide la cesta.

Un asinello spinto dalla sete per il forte calore del giorno era uscito dalla stalla e si era avvicinato alla loggetta dove solitamente trovava dell'acqua per abbeverarsi.

Inavvertitamente aveva calpestato la mano del garzone nascosto dalla signora moglie proprio sotto la cesta accanto al mastello dell'acqua. Pietro alzò la cesta e vide il giovane tramortito non tanto dal dolore della mano quanto dalla paura per la punizione del marito tradito.

«Non mi fare del male!» Implorava il giovanotto ma il bravo marito paziente e tollerante lo rassicurò: *«Leva su, non dubitare che io alcun mal ti faccia, ma dimmi, come tu se' qui e perché?»*

11) Il chiarimento e la pacificazione

Pietro non si accese di collera sapendo la moglie infedele ma la rimproverò per aver condannato poco prima il comportamento della moglie di Ercolano.

Si limitò a lanciare una maledizione: *«Che venir possa fuoco da cielo che tutte v'arda, generazion pessima che voi siete».*

La maledizione provocò nella moglie una reazione isterica alla quale seguì un pianto che sottolineava le parole di rimprovero verso il marito sempre

distratto e avaro di attenzioni affettuose nei suoi riguardi.
Pietro dopo aver riflettuto, riconobbe la sua colpevolezza e pensò ad una soluzione per mettere fine all'ingiustizia.
Rincuorò il bel giovane, lo invitò a cena, poi gli fece una proposta per rendere felice la signora moglie.

12) La proposta di pacificazione
Nessuno sa dire o non ricorda quello che il buon Pietro propose molto educatamente al bel giovane.
Al mattino seguente il garzone andò a passeggiare sulla piazza della città di Perugia ignorando lui stesso che cosa avesse fatto lui stesso quella notte a casa del bravo Pietro di Vinciolo.

Chichibio cuoco di Currado Gianfigliazzi

1) Presentazione dei personaggi
A Firenze era molto conosciuto e stimato un nobile cittadino di nome Currado Gianfigliazzi.
Era dedito alla vita cavalleresca e si dilettava alla caccia con cani e falconi.
Tra i suoi collaboratori per i servizi di cucina c'era un certo cuoco di nome Chichibio che veniva da Venezia.
Era da poco tempo al servizio di messer Currado ma stava diventando simpatico a tutti per le sue battute spiritose sempre pronte che facevano divertire amiche e amici.

2) Il nobile Corrado va a caccia
Una mattina, prima ancora del sorgere del sole, il nobile Currado si recò a caccia con il suo falcone nella vicina Peretola e lungo la riva del fiume uccise una grossa gru che avrebbe offerto ai suoi amici per un piacevole incontro conviviale.

3) Il cuoco Chichibio prepara l'arrosto
Chichibio ebbe l'incarico di arrostire l'uccello mostrando tutte le sue qualità di cuoco di cui era famoso. Avrebbe fatto stupire gli invitati di messer Currado.
La cucina si stava riempiendo di odori deliziosi che stuzzicavano l'appetito; l'arrosto era quasi pronto.
Attratta dagli odori invitanti entrò in cucina donna Brunetta una ragazza che era corteggiata da Chichibio.

4) La tentazione di donna Brunetta
«Fammi assaggiare una coscia di codesta gru arrostita» chiese la ragazza.
Di tutta risposta il cuoco innamorato si mise a canticchiare: «*Voi non l'avrì da mi, donna Brunetta, voi non l'avrì da mi*».
La ragazza stizzita replicò: «*In fè di Dio, se tu non la mi dai, tu non avrai mai da me cosa che ti piaccia*».
Talvolta l'amore fa compiere atti imprudenti infatti Chichibio nonostante la paura e la certa punizione di Currado si lasciò convincere dalla bella Brunetta e dunque staccò una coscia della gru e la dette all'avida ragazza.

5) Il banchetto in onore di Currado
Il fatto non rimase ignorato.
Venuti i commensali, apparecchiata la tavola i servitori portarono le vivande: una più buona dell'altra ma Currado aspettava il piatto forte cioè

quella gru che avrebbe celebrato la sua bravura di cacciatore.

Il servente entrò nella sala del banchetto tenendo sollevato orgogliosamente l'arrosto fumante che spandeva profumi appetitosi.

L'arrosto fu collocato al centro della tavola mentre i commensali pregustavano la delizia dell'arrosto e aspettavano il taglio e la distribuzione delle diverse parti dell'uccello.

6) CURRADO SCOPRE LA MUTILAZIONE DELLA GRU

Currado vedendo l'arrosto emise un'esclamazione furibonda e con voce arrochita dalla rabbia fece chiamare il cuoco Chichibio.

«Ma dimmi – esordì con voce alterata – dove hai messo l'altra coscia della gru?»

7) LA RISPOSTA IMPERTINENTE DI CHICHIBIO

Il cuoco vedendo messer Currado visibilmente sconvolto non perse il controllo di sè ma dopo breve pausa con l'espressione del volto serafica e del tutto innocente rispose:« *Signor mio, le gru non hanno se non una coscia e una gamba*».

La rabbia di Currado saliva alle stelle.

Si sentì deriso, temette di essere lo zimbello dei commensali si mise a urlare: «Io non ho visto mai le gru con una gamba sola!»

Chichibio impassibile teneva il punto, non voleva confessare la verità e continuò sullo stesso tenore: «*Egli è, messer, com'io vi dico; e quando vi piaccia, io il vi farò veder ne' vivi!*»

Era troppo!

L'impudenza e l'atteggiamento di sfida era motivo di divertimento e di scherno tra i commensali.

Currado non voleva perdere il controllo di se stesso decise di cedere e trovare soddisfazione in un altro momento.

«Va bene così – disse Currado con distacco e controllo emotivo – domattina andremo sulla riva del fiume per verificare. Sappi però che ti farò picchiare a dovere se vedremo le gru con due zampe.

8) LA SERENITÀ RITORNA NEL BANCHETTO

Currado non dette seguito allo spiritoso incidente, i commensali parlarono di altro e della bontà dei cibi fu oggetto di elogio. La conversazione ritornò ad essere rilassante.

9) MESSER CURRADO E CHICHIBIO ALL'ALBA DEL GIORNO DOPO

Al mattino seguente, non era spuntato ancora il sole, messer Currado e Chichibio in sella dei loro rispettivi cavalli si diressero verso le rive del fiume dove solitamente dormivano le gru.

Chichibio aveva perduto il buon umore la paura aveva la precedenza su tutte le altre emozioni.

Le sue facezie si erano rivelate di grave danno e già si predisponeva alla punizione.

Giunsero e videro che dodici gru dormivano ancora rimanendo sospese sopra una sola zampa: « *Messer* – disse Chichibio – *assai bene potete, , vedere che iersera vi dissi il vero, che le gru non hanno se non una coscia e un piè, se voi riguardate a quelle che colà stanno*».

Currado replicò:«Aspetta, aspetta furbacchione ora ti faccio vedere» si avvicinò alle gru e gridò «Oh! Oh!»
Le gru si spaventarono, abbassarono l'altra zampa e fuggirono.
Currado radioso e vendicativo: «*Che ti par, ghiottone? Parti ch'elle n'abbian due*» disse.
 Chichibio fece appello a tutte le sue risorse nonostante lo sbigottimento replicò: «*Messer sì, ma voi non gridaste «oh oh» a quella di iersera; ché se così gridato aveste, ella avrebbe così l'altra coscia*».
La battuta spiritosa e brillante piacque a Currado che superata la stizza sorrise e si riappacificò con Chichibio.

Frate Cipolla e la penna
dell'Agnolo Gabriello

1) Presentazione del protagonista e contesto ambientale
Il fatto di cui si parla accadde nella località non lontana da Firenze nella
Val d'Elsa cioè Certaldo.
Ebbene in questo castello ogni anno si recava un frate di Santo Antonio di
nome Cipolla che ben conosceva la superstizione degli abitanti e la loro
ingenuità che li spingeva ad essere creduloni di ogni storia inverosimile.
Frate Cipolla era un frate privo di scrupoli che sapeva approfittare di questa gente per raccogliere le abbondanti offerte di beni naturali e denari in
cambio di prediche strampalate o di inverosimili reliquie da toccare per
scongiurare i mali.

2) Frate Cipolla celebra la messa a Certaldo
Una volta dunque questo frate brigante di grande fantasia e di un eloquio
fluente quanto assurdo venne a Certaldo nel mese di agosto per celebrare
una messa domenicale in canonica.
Al momento dell'omelia, vista la grande affluenza di fedeli che erano ac-
corsi da ogni contrada disse:« *Signori e donne, come voi sapete, vostra usanza è
di mandare ogni anno à poveri del baron messer santo Antonio del vostro grano e
delle vostre biade, chi poco e chi assai, secondo il podere e la divozion sua, acciò ché
il beato santo Antonio vi sia guardia de' buoi e degli asini e de' porci e delle pecore
vostre; e oltre a ciò solete pagare, e spezialmente quegli che alla nostra compagnia
scritti sono, quel poco debito che ogni anno si paga una volta»*.
Frate Cipolla chiarì che l'abate del convento gli aveva affidato il compito
di raccogliere tutte le offerte.
L'operazione sarebbe avvenuta dopo il riposo pomeridiano nell'ora nona
quando verranno suonate le campanelle.

3) Una reliquia eccezionale
Con ostentata soddisfazione comunicò poi che in quel momento potranno
baciare la croce, ascoltare una edificante predica ma avranno anche il privilegio di toccare una reliquia rarissima quanto unica al mondo cioè una
piuma lasciata dall'Agnolo Gabriello dopo aver aqnnunziato alla Vergine
Maria la nascita futura di Gesù.
La reliquia, precisò, dopo vicende complesse e peripezie miracolose fu ac-
quisita da frate Cipolla durante un viaggio in Oriente.

4) Due giovani burloni organizzano una beffa
Questa enorme frottola suscitò l'ilarità di Giovanni del Bragoniera e di
Biagio Pizzini, due furbi giovanotti desiderosi di ridere alle spalle degli

sciocchi.

Usciti dalla chiesa decisero di organizzare una beffa per mettere in difficoltà frate Cipolla: avrebbero voluto sottrarre la penna dell'Agnolo Gabriello nascosta in un cofanetto custodito da un fante che aveva le seguenti caratteristiche: «*egli è tardo, sugliardo e bugiardo; negligente, disubidente e maldicente; trascutato, smemorato e scostumato*».

5) Il fante del frate

Il fante di frate Cipolla veniva chiamato con appellativi diversi: chi lo chiamava Guccio Balena, chi Guccio Imbratta e chi Guccio Porco.

Questo insolito personaggio si illudeva che tutte le donne si innamorassero di lui perché era convinto di essere forte, bello e piacevole pertanto le corteggiava tutte.

Guccio aveva avuto il compito da frate Cipolla di vigilare sulle cose depositate nella cameretta e particolarmente sulla scatola della piuma dell'Angelo avvolta in un drappo di seta (chiamato *zendado*) nascosta in una bisaccia.

Guccio dunque se ne stava nella cameretta del frate ma attento a scrutare i movimenti di qualche donna intenta nelle faccende della cucina del piano terra.

6) Guccio corteggia nuta la Fantesca

L'attenzione si concentrò su una donna che lavorava in cucina, intenta ai fornelli per preparare il pranzo agli ospiti dell'albergo.

Guccio Imbratta, come fosse un avvoltoio, si precipitò sulla preda con l'intento di affascinare questa donna chiamata Nuta.

Aveva costei tratti fisici esagerati: «*grassa e grossa e piccola e mal fatta, con un paio di poppe che parean due ceston da letame (…) tutta sudata, unta e affumicata*».

Guccio Imbratta lasciò incustodita la camera di frate Cipolla e atteggiandosi a novello Adone si accostò ai fornelli accanto alla Nuta per lusingarla: «Sei bella donna io sono gentile uomo, ho molti fiorini, io so fare molte cose e so ben parlare e poi ti comprerò begli abiti e ti darò la possibilità di lasciare questo lavoro faticoso». Tutte fandonie naturalmente!

Guccio Porco suonava il violino per la seduzione e dimenticava tutto lo sporco e l'unto che aveva intorno al collo, non si accorgeva delle sue dita annerite per l'odio che aveva per l'acqua ed il sapone.

Aveva un farsetto: «*rotto e ripezzato e intorno al collo e sotto le ditella smaltato di sucidume, con più macchie e di più colori che mai drappi fossero tartareschi o indiani, e alle sue scarpette tutte rotte e alle calze sdrucite*».

7) I due burloni trafugano la penna dell'Agnolo

Mentre Guccio Porco è concentrato nel suo difficile corteggiamento i due giovani Giovanni e Biagio di nascosto si introducono tranquillamente nella camera di frate Cipolla avendo trovato la porta aperta.

Aprirono la bisaccia, trovarono la cassetta ben avvolta nello zendado di seta.

L'aprirono e videro una penna variopinta di bei colori.

Era una penna di pappagallo esotico sicuramente mai visto dai Certaldesi.

Presero la penna e riempirono la cassetta con il carbone lasciato nel camino.
Con perizia avvolsero la cassetta con lo zendado; la ricollocarono nella bisaccia ed uscirono dalla camera senza essere disturbati. Nessuno li aveva visti!
Contenti si disponevano al piacere della beffa!

8) L'appuntamento in chiesa per l'ostensione della reliquia
Venne l'ora nona, frate Cipolla aveva già fatto il suo pisolino postprandiale e si accingeva a recarsi nella chiesa posta sulla sommità di un poggio dove la folla cominciava a accalcarsi per vedere la miracolosa reliquia dell'Agnolo Gabriello.
Guccio Porco aveva ricevuto l'ordine di trasportare la bisaccia con la cassetta e le campanelle dall'albergo fino alla chiesa.
Era un pomeriggio afoso di agosto, Guccio Porco sudava, ansimava per la fatica del peso delle campanelle ma soprattutto per il suo ventre adiposo gonfio di vino e di cibo ancora non ben digerito.

9) L'inizio del rito
Guccio Porco si collocò davanti alla porta della chiesa e all'ordine di frate Cipolla suonò vigorosamente le campanelle per comunicare che il rito sarebbe iniziato.
Frate Cipolla fece accendere le torce, parlo brevemente dell'Agnolo Gabriello, della sua devozione per Maria Santissima e poi con tutta la solennità richiesta dal rito sacro prelevò dalla bisaccia la cassetta.
La collocò sopra un improvvisato altare, sollevò lentamente i lembi dello zendado di seta, mostrò la cassetta mentre la folla tratteneva il respiro aspettando il miracolo!
Il frate aprì e scrutò l'interno... Non si scompose e si genuflesse.

10) Dalla penna al carbone del rogo di San Lorenzo
Vide il carbone! La penna non c'era più!
Il frate non espresse lo stato d'animo; in cuor suo maledisse Guccio Porco che non aveva fatto buona vigilanza ma ora bisognava trovare una qualche strada di uscita da quell'imbarazzante situazione.
«O Iddio, lodata sia sempre la sua potenza» e rinchiuse la scatoletta poi comincio la sua incredibile e assurda predica.
«Signori e donne – disse *– Signori e donne, voi dovete sapere che, essendo io ancora molto giovane, io fui mandato dal mio superiore in quelle parti dove apparisce il sole, e fummi commesso con espresso comandamento che io cercassi tanto che io trovassi i privilegi del Porcellana, li quali, ancora che a bollar niente costassero, molto più utili sono a altrui che a noi. Per la qual cosa messom'io cammino, di Vinegia partendomi e andandomene per lo Borgo de' Greci e di quindi per lo reame del Garbo cavalcando e per Baldacca, pervenni in Parione, donde, non senza sete, dopo alquanto per venni in Sardigna...»*
Frate Cipolla raccontava così un improbabile viaggio, per una finalità incomprensibile.
A lungo parlò indicando luoghi inesistenti, itinerari impossibili.
Ovviamente nessuno dei presenti riuscì a capire qualcosa, ma tutti rima-

nevano affascinati da quell'eloquio interminabile con parole senza senso efficacemente narcotizzanti.

Sì inventò un incontro con il patriarca di Gerusalemme il cui nome già segnalava le falsità dell'incontro: *Nonmiblasmete Sevoipiace.*

Quel Patriarca gli fece vedere una infinità di reliquie: c'era un dito dello Spirito Santo; il ciuffetto del Serafino che apparve a San Francesco, una delle unghie dei Cherubini una delle coste del Verbum caro; i vestimenti della Santa Fè Cattolica, molti raggi della cometa dei tre Magi, un'ampolla del sudore di San Lazzaro che combatté col diavolo; i denti della Santa Croce; c'era perfino il suono delle campane del tempio di Salomone; c'era quindi una delle penne dell'Agnolo Gabriello e così via e così via.

La folla a bocca aperta ascoltava intanto si commuoveva al pensiero di poter vedere almeno una delle tante reliquie e beneficiare della santa protezione che tutte avrebbero offerto ai fedeli devotamente assorti in tanta santità del frate.

Frate Cipolla raccontò che il Patriarca di Gerusalemme gli concesse il privilegio di poter portar via non solo la penna dell'Agnolo Gabriello ma perfino i carboni sui quali fu arrostito il beatissimo martire San Lorenzo.

Era però giunto il momento di far vedere ai fedeli il contenuto della sacra scatolina.

Con l'imperturbabile faccia tosta frate Cipolla disse che sia la penna dell'Angelo Gabriele sia i carboni di San Lorenzo erano stati conservati in due diverse scatolette uguali e che avendole scambiate era costretto ora a mostrare per la venerazione della reliquia la scatola contenente il carbone. Prometteva però che nell'anno successivo avrebbe portato l'altra scatola contenente la penna dell'Agnolo Gabriello.

11) OSTENSIONE E VENERAZIONE DEL CARBONE DI **S**AN **L**ORENZO

Fece una pausa e poi con sua stessa meraviglia ammise che quella dimenticanza poteva essere espressione della volontà divina perché nei giorni successivi ci sarebbe stata la memoria di san Lorenzo cioè il dieci di agosto. Insomma disse come spirato da forza divina:«Dio stesso mi pose la cassetta dei carboni nelle mie mani ricordandomi che fra due giorni ricorre la festa di San Lorenzo».

Tra gli applausi e i canti dei fedeli la cassetta dei carboni fu mostrata. I fedeli si misero in fila per poterla toccare e ricevere il segno della croce ben tracciata con pezzi di carbone «sopra i camiciotti bianchi sopra i farsetti e sopra i veli delle donne»

12) LA DEVOZIONE SUPERSTIZIOSA DEI FEDELI E L'ILARITÀ DEI GIOVANI BURLONI

In poco tempo tutti i Certaldesi forno crociati accrescendo la loro fede e la stima per frate Cipolla.

Quando l'assemblea fu sciolta ed i fedeli si dispersero nelle viottole di campagna i due furbi giovanotti si presentarono al cospetto di frate Cipolla per raccontare la burla.

Il frate ancora una volta non perse la calma riprese la penna dell'Agnolo Gabriello e promise che anche nell'agosto successivo sarebbe ritornato a Certaldo per mostrare finalmente la sacra penna dell'Agnolo Gabriello.

PERONELLA METTE
UN SUO AMANTE IN UN DOGLIO

1) PRESENTAZIONE DEL PROTAGONISTA
A Napoli viveva un muratore che non riusciva a sbarcare il lunario neanche con l'aiuto della moglie che faceva la filatrice.
La donna si chiamava Peronella la quale nonostante le condizioni economiche, era sempre ben vestita, comperava profumi e creme di bellezza.
La cura costante della sua immagine la rendeva molto attraente.

2) IL LEGAME SEGRETO
Di Peronella si innamorò un giovane dal nome Giannello Scrignario che spesso le faceva doni per renderla felice.
Anche la donna era attratta da Giannello e accettava le sue visite quando il signor marito si recava a fare qualche lavoretto occasionale nelle diverse contrade di Napoli.
Le visite si effettuavano di mattina quando il quartiere sembrava deserto ed il marito era lontano.

3) IL RIENTRO IMPROVVISO
Una mattina però proprio quando Peronella era impegnata con Giannello sentì picchiare alla porta.
All'interno della casa c'era tanto silenzio e nessuno apriva la porta.
Il muratore bussò ancora e nell'attesa che si prolungava ebbe un pensiero: *«O Iddio, lodato sia tu sempre; ché, benché tu m'abbi fatto povero, almeno m'hai tu consolato di buona e onesta giovane di moglie. Vedi come ella tosto serrò l'uscio dentro, come io ci uscii, acciò che alcuna persona entrar non ci potesse che noia le desse».*
Era proprio contento per la prudenza della moglie che si era ben chiusa in casa per non essere disturbata.

4) LA RICERCA DI UN NASCONDINO
La realtà era che Peronella stava tremando di paura e non sapeva dove nascondere l'amante.
Ebbe però una brillante idea.
Sapeva che il marito voleva vendere un doglio vecchio, un recipiente che era troppo ingombrante e ormai in disuso.
Ancora sconvolta e scarmigliata sollecitò Giannello a nascondersi nel doglio …. avrebbe poi trovato lei una qualche soluzione!

5) IL DIALOGO NERVOSO CON IL MARITO
Andò ad aprire la porta e mise nel viso la maschera della donna vittima

incompresa, arrabbiata, sfruttata da un marito inconcludente e sfaticato.
«E perché mai tu sei arrivato così presto senza concludere niente nel lavoro? Tu credi che io posso continuare a lavorare tutto il giorno e sopportare un uomo irresponsabile che non riesce a portare a casa un becco di un quattrino?»
Dopo l'indignazione ed il rimprovero passò alla recita della povera donna sofferente.
Abbassò il tono della voce si mise a piangere: «*Marito, marito, egli non ci ha vicina che non se ne maravigli e che non facci beffe di me di tanta fatica quanta è quella che io duro*».
La recita divenne ancora più graffiante: «Al posto mio altre donne avrebbero cercato alcuni amanti per guadagnare di più, invece io povera e fedele cerco mille occasione per aiutarti».

6) Il marito Prova a giustificarsi

Il marito provò vergogna e provò inutilmente di giustificarsi: «Io sono andato a lavorare questa mattina ma mi sono dimenticato che è la festa di santo Galeone e come sai non si lavora!»
Poi sorridendo disse: «Ti devo rallegrare moglie mia perché io per non perdere il guadagno ho venduto quel doglio che ci dava fastidio per cinque gigliati proprio a questo buon uomo che mi ha accompagnato.

7) La brillante idea della moglie

A questo punto la moglie ebbe una brillante idea per mortificare il marito e nello stesso tempo liberare l'amante dallo scomodo nascondiglio.
«Tu credi di aver fatto un bell'affare – interruppe con aria maliziosa – io che sono femminella e che me ne sto sempre chiusa in casa, ho già venduto il doglio per sette gigliati ad un uomo che se ne sta dentro il doglio per verificare la bontà del legno e delle doghe.

8) La soddisfazione del marito

A quel punto il marito soddisfatto del buon affare della moglie licenziò il primo acquirente e si diresse con la moglie nel luogo dove era stato depositato il doglio.

9) Giannello esce allo scoperto

Giannello capì il messaggio di Peronella: uscì dal doglio facendo finta di aver ben bene ispezionato l'interno del recipiente.
Si rivolse alla donna come se avesse iniziato con lei le trattative di compravendita.
«Dite pure a me, perché io sono il marito».
Si fece avanti il muratore che avrebbe voluto concludere l'affare.
Giannello disse «il doglio è in buono stato ma l'interno è particolarmente sporco ed io non lo porto via se non viene ben raschiato».

10) Peronella affida il compito al marito

A questo punto la diabolica Peronella ebbe un'altra idea: «Non ti preoccupare buon uomo – disse – ci penserà mio marito a pulire l'interno vieni fuori, scenderà lui stesso ed io provvederò con la lanterna a illuminare perché tutto il doglio sia perfettamente nettato».

11) Iʟ ᴍᴀʀɪᴛᴏ ʟᴀᴠᴏʀᴀ ᴀʟʟ'ɪɴᴛᴇʀɴᴏ ɪʟ ʙᴜᴏɴ ᴜᴏᴍᴏ ᴘʀᴏᴠᴠᴇᴅᴇ ᴀʟʟ'ᴇsᴛᴇʀɴᴏ
Il marito tutto premuroso si calò all'interno e con un raschietto metallico
cominciò l'opera di pulizia mentre la moglie con in mano una lanterna si
piegava appoggiando il petto sul bordo del doglio affidando al bon uomo
tutta l'operazione all'esterno con qualche strofinio di ringraziamento per
il buon affare.
L'operazione non fu breve ma alla fine con la regia della brava Peronella
tutto si concluse con la soddisfazione del marito per il buon lavoro fatto
all'interno e del buon uomo per la faticosa operazione in collaborazione
con Peronella.
L'affare si concluse con la stretta di mano ed il pagamento di sette gigliati.
Peronella nel frattempo estrasse due asciugamani per nettare il sudore dei
due uomini.

Gianni Lotteringhi incanta la fantasima

1) Presentazione del protagonista
Nella contrada di San Pancrazio a Firenze abitava un bravo stamaiolo di nome Gianni Lotterighi conoscitore del suo mestiere ma meno esperto dell'anima umana soprattutto di quella femminile.
Era sempliciotto, un po' credulone fino alla superstizione e nella comunità parrocchiale si dedicava a svolgere molti lavoretti per i quali era apprezzato fino ad essere eletto capitano dei Laudesi di Santa Maria Novella.

2) La gratitudine di Gianni
Per la stima che riceveva Gianni faceva molti doni ai frati e spesso offerte di cibo.
I frati gli insegnavano «il paternostro in volgare e la canzone di santo Alessio e il lamento di san Bernardo e la lauda di donna Matelda e cotali altri ciancioni, li quali egli aveva molto cari, e tutti per la salute dell'anima sua se gli serbava molto diligentemente».

3) La moglie si innamora di Federigo
Purtroppo Gianni non si accorgeva che la bellissima moglie, monna Tessa figlia di Mannuccio dalla Cuculia si era innamorata di Federigo di Neri Pegolotti giovane astuto e di bello aspetto.

4) Le vacanze estive
Gianni possedeva in una zona amena chiamata Camerata una villa nella quale monna Tessa trascorreva tutta l'estate nella quale il signor marito trascorreva qualche notte quando non era molto impegnato con il lavoro e con la cura dei Laudesi.
In quella villa monna Tessa invitò una volta Federigo il quale vi si recò nell'ora del vespro senza troppa convinzione perché temeva in un improvviso rientro di Gianni.
Il marito non venne e monna Tessa poté consumare tranquillamente la cena con il giovanotto.
Era troppo tardi per rientrare in Firenze così Federigo si trattenne e con sua piacevole sorpresa ricevette le inaspettate attenzioni della donna che si mise sulle sue ginocchia come una smorfiosa gattina a fare le fusa. Quelle effusioni affettuose erano così intense da pareggiare lo slancio e la dedizione che il marito manifestava quando cantava le laudi ai Santi!

5) Avvertenze per gli appuntamenti futuri
Monna Tessa decise che quell'incontro non sarebbe stato l'ultimo e per-

tanto concordò con Federigo le modalità per futuri incontri utilizzando un particolare codice della comunicazione grazie al quale Federigo poteva conoscere perfettamente i giorni delle visite del signor marito di monna Tessa.

Tutti i giorni Federigo passando davanti alla casa di monna Tessa avrebbe dovuto controllare la direzione verso la quale era volto il muso del teschio di un asino infilzato in un palo collocato nella vigna della signora.

Se il muso era volto verso Firenze il giovane Federigo poteva benissimo fermarsi e trascorrere la notte con monna Tessa ma se la direzione fosse verso Fiesole se ne sarebbe dovuto andare perché il pio Gianni trascorreva la notte con la moglie.

La comunicazione era stata ben studiata e per molte volte gli incontri poterono essere effettuati senza sorpresa. Ovviamente monna Tessa gioiva di questo codice della comunicazione anche perché non soffriva di solitudine notturna.

6) L'imprevisto tecnico

Una volta monna Tessa volle preparare una deliziosa cenetta con due capponi ed un delizioso vinello di loro produzione.

All'improvviso si presentò in villa suo marito il pio Gianni.

La moglie ebbe il tempo di nascondere i capponi ed il vino con la collaborazione della fantesca che collocò la cenetta ai piedi dell'albero del pesco in un praticello poco distante.

Monna Tessa si dimenticò di dire alla Fantesca di aspettare Federigo ed informarlo dell'imprevisto.

Il pio Gianni aveva fame ma la moglie gli disse che poco avrebbe trovato perché non aveva dato comunicazione del suo arrivo.

Gianni si accontentò di mangiare della carne salata mentre monna Tessa, simulando mal di testa, chiuse bene le imposte esterne e la porta temendo l'arrivo improvviso di Federigo poi se ne andò a letto.

7) Federigo bussa alla porta

Si era fatta notte ed anche Gianni era andato a dormire e poco dopo russava per la stanchezza del viaggio e le ansie del lavoro.

Monna Tessa non dormiva perché temeva che da un momento all'altro Federigo avrebbe bussato alla porta. Così fu!

I rintocchi si fecero insistenti tanto che Gianni fu svegliato: «Tessa, odi tu quel ch'io? È pare che l'uscio nostro sia tocco».

Monna Tessa faceva finta di dormire e poi indignata e impaurita disse: «Tocco? Ohimè, Gianni mio, or non sai tu quello ch'egli è? Egli è la fantasima, della quale io ho avuta a queste notti la maggior paura che mai s'avesse, tale che, come io sentita l'ho, ho messo il capo sotto né mai ho avuto ardir di trarlo fuori sì è stato dì chiaro».

8) Gianni tranquillizza la moglie

Monna Tessa intenerì Gianni che per tranquillizzarla le disse di avere già recitate le sante orazioni e gli scongiuri apotropaici.

Aveva infatti recitato sia il «Te lucis» la «'Ntemerata» e altre orazioni.

In ogni cantone del letto si era segnato con l'invocazione del Padre, del Figlio e dello Spirito Santo e dunque monna Tessa poteva stare tranquilla perché la fantasima non avrebbe mai potuto nuocere.

9) Le modalità per incantare la fantasima
«O come s'incanta ella» chiese Gianni.
Monna Tessa spiegò che l'incantesimo avrebbe funzionato solo in presenza del marito.
Scesero dal letto si avvicinarono alla porta e la moglie alzando la voce disse «Ora sputerai, quando io il ti dirò.
Disse Gianni: – Bene. E la donna cominciò l'orazione, e disse: – Fantasima, fantasima che di notte vai, a coda ritta ci venisti, a coda ritta te n'andrai; va nell'orto a piè del pesco grosso, troverai unto bisunto e cento cacherelli della gallina mia; pon bocca al fiasco e vatti via, e non far male né a me né a Gianni mio –; e così detto, disse al marito: – Sputa, Gianni».
Gianni tutto compreso nel rito sputò più e più volte per allontanare la fantasima.

10) L'incantesimo ebbe successo
Il rituale ebbe effetto positivo. Federigo avendo capito il messaggio della furba Tessa disse fra sé «Gianni, sputa i denti!» Se ne andò contento dopo aver preso capponi e vivo e ovviamente «a coda ritta» secondo l'ordine del rito!
Tornò il silenzio della notte, Gianni Lotteringhi finalmente tranquillo e sereno andò a letto dopo aver augurato la buonanotte alla Tessa rasserenata.

Calandrino trova l'elitropia nel Mugnone

1) Il protagonista
Nella città di Firenze viveva un uomo di nome Calandrino che faceva il pittore.
Era costui un semplice ed ingenuo uomo del quale i suoi compagni spesso approfittavano per farlo oggetto di scherno senza troppa malizia.

2) Calandrino nella chiesa di San Giovanni
Un giorno Calandrino se ne stava nella chiesa di San Giovanni a studiare le pitture e gli intarsi del tabernacolo sopra l'altare.
I suoi compagni Bruno e Buffalmacco vollero architettare una spiritosa beffa servendosi della complicità di Maso Del Saggio esperto famoso di pittura e architettura.

3) Progettazione della beffa
Quel giorno dunque Maso, stando in chiesa, parlava ad alta voce con un amico al quale enumerava le tante virtù che posseggono alcune rare pietre. Maso faceva finta di non aver notato Calandrino ma in realtà il suo parlare aveva come destinatario lo stesso Calandrino il quale, udita qualche frase sulle virtù delle pietre, si alzò dal suo posto e si unì alla conversazione di Maso.

4) Calandrino cade nella trappola
«Ma dimmi Maso - chiese Calandrino - dove si trovano codeste pietre tanto virtuose?» Maso con parlare forbito e atteggiamento pensoso dette ogni indicazione del posto: «le più si trovavano in Berlinzone, terra de' Baschi, in una contrada che si chiamava Bengodi, nella quale si legano le vigne con le salsicce, e avevasi un'oca a denaio e un papero giunta, ed eravi una montagna tutta di formaggio parmigiano grattugiato, sopra la quale stavan genti che niuna altra cosa facevan che far maccheroni e raviuoli, e cuocergli in brodo di capponi...»
La descrizione assurda ed irreale proseguiva tra lo stupore di Calandrino che non si rendeva conto della inesistenza di questo luogo.
Era talmente affascinato il nostro Calandrino che chiese se anche dalle parti di Firenze ci fosse una qualche località con le pietre virtuose.
Maso, più serio del solito, disse che c'erano due località: l'una si chiama Montici dove ci sono le macine di Settignano che danno farina spontaneamente e l'altra è il greto del torrente Mugnone che proviene da Fiesole.
Maso chiarì che proprio, nel torrente Mugnone si trova l'elitropia cioè una pietra scura che rende invisibili coloro che la detengono.

5) Calandrino vorrebbe l'elitropia con l'aiuto degli amici

Calandrino pieno di entusiasmo, ringraziò Maso quindi simulando l'urgenza uscì dalla chiesa di San Giovanni per andare a cercare gli amici Bruno e Buffalmacco compagni di ogni ventura.

Li cercò tutta la mattinata senza successo.

All'ora nona sotto il caldo insopportabile si recò nel monastero delle donne di Faenza dove avrebbe trovato i suoi due amici.

Così avvenne perché Bruno e Buffalmacco lavoravano in quel monastero. Calandrino raccontò della virtù delle pietre del Mugnone ma aveva fretta di compiere quell'impresa per paura di non trovarlo più. Tra le pietre del Mugnone avrebbe trovato quella rara chiamata elitropia grazie alla quale avrebbe potuto acquistare tanta ricchezza divenendo invisibile.

I compagni lo sconsigliarono perché a quell'ora tutte le pietre, anche quelle nere, diventano bianche per l'evaporazione.

Decisero dunque di andare al Mugnone la domenica ventura nelle prime ore della mattina.

6) I tre amici si recano sul greto del Mugnone

Giunta la domenica i tre amici pieni di entusiasmo si diressero verso Fiesole percorrendo a ritroso il percorso del Torrente Mugnone.

Bruno e Buffalmacco assecondavano l'entusiasmo di Calandrino e perlustravano con scrupolo il fondo del torrente, prendevano qualche pietra tra quelle più nere e chiedevano rispettosamente a Calandrino di indicare meglio le caratteristiche dell'elitropia. Conoscevano perfettamente le parole di Maso e le finalità beffarde di quella ricerca e pertamto si sforzavano per renderla credibile «O Calandrino, è questa la pietra che è ancora più lucida dell'altra? Forse è quest'altra?».

Calandrino riempiva il sacco con quelle pietre che sembravano interessanti per il colore o la lucentezza o forma insolita.

Si era avvicinata l'ora del desinare Bruno e Buffalmacco si dettero un'occhiata di intesa maliziosa e fecero scattare la trappola proprio quando il sacco di Calandrino era pieno. Bruno si avvicinò a Buffalmacco: «Ma dimmi – gli disse – dove è andato Calandrino?»

Buffalmacco indignato esclamò a sua volta «Lo stavo cercando anch'io. Ha proprio un bel modo di comportarsi con gli amici. Se ne va a pranzo e non dice niente».

Detto questo raccolse da terra un bel sasso e disse: «quando lo vedrò ecco gli lancerò questo sasso nelle sue gambe, perché ci ha lasciato senza dirci nulla!»

7) Calandrino viene beffato

Il sasso lanciato da Buffalmacco colpiva duramente le gambe di Calandrino che avrebbe voluto strillare di dolore ma taceva perché credeva di essere diventato invisibile.

Così zitto zitto a suon di sassate vendicative riprese la strada di Firenze seguito dai suoi compagni indignatissimi che nella simulazione della invisibilità continuavano a colpire il silenzioso Calandrino.

Giunsero alla porta di San Gallo in Firenze dove solitamente i gabellieri fanno i controlli del dazio.

Bruno informò gli agenti del dazio di quella beffa ed essi divertiti lasciarono passare Calandrino facendogli credere che era proprio invisibile.
Le risate di tutti furono incontrollabili ma Calandrino ormai lontano già progettava di recarsi presso il cambiavalute per sottrarre, non visto, molto denaro.

8) Calandrino maledice la moglie per la sua perfidia
Calandrino, perso nei suoi progetti di ricchezza ringraziando la fortuna per quella meravigliosa avventura, giunse presso il portoncino di casa.
Stava salendo i primi gradini della scala quando fu raggiunto dalla voce gracchiante e severa della moglie: «Mai, frate, il diavol ti ci reca! ogni gente ha già desinato quando tu torni a desinare».
La voce di monna Tessa tutta stizzita lo richiamò alla realtà «Ma come – pensò – mia moglie mi vede... allora quella perfida donna ha fatto perdere la virtù alla pietra nera del Mugnone...è proprio vero il detto della gente «la femmina fa perdere ogni virtù»»
Calandrino montò su tutte le furie.
Salì frettolosamente le scale, lasciò cadere le pietre in una saletta, afferrò le trecce della moglie e la picchiò barbaramente con calci e pugni.

9) Giungono Bruno e Buffalmacco
In questo trambusto arrivarono Bruno e Buffalmacco ansimanti. Salite le scale trovarono monna Tessa urlante e Calandrino rabbioso per la perduta invisibilità lanciando maledizioni alle femmine che fanno perdere le virtù.
«Che è questo, Calandrino? Vuoi tu murare, che noi veggiamo qui tante pietre?»
Calandrino spiegò tutto e continuava a lanciare improperi e maledizioni alle donne.
Bruno e Buffalmacco tolsero monna Tessa dalle grinfie del folle Calandrino poi tentarono di farlo ragionare. Monna Tessa non era colpevole della perdita di virtù della pietra era lui medesimo che con il suo comportamento fraudolento aveva meritato il castigo divino.

10) La giustizia divina
A beffa si univa un'altra beffa e Calandrino si rassegnò lasciando in pace la vittima monna Tessa ingiustamente punita!

La monaca innamorata

1) Personaggi e contesto
In un monastero della Lombardia la madre badessa e le consorelle avevano fama di grande santità e di devozione a Dio e alla Chiesa.
Tra le giovani monache del Convento c'era Isabetta, bellissima ragazza di nobile famiglia che però non aveva maturato ancora la piena consapevolezza dei doveri della vita monacale.

2) La suora Isabetta si innamora
Una volta venne a farle visita un parente accompagnato da un giovane che affascinato dalla bellezza della monaca se ne innamorò.
Le visite si intensificarono e dopo alcuni incontri anche suora Isabetta provò un sentimento d'amore per il giovane.
L'attrazione reciproca spinse i giovani ad organizzare con temerario incontro notturno nella cella della suora.
Dopo le prime volte ci furono altri incontri clandestini.

3) Le consorelle scoprono gli incontri
«Tanto va la gatta al lardo che ci lascia lo zampino» recita lo spiritoso aforisma popolare.
Così accadde anche alla monaca Isabetta la quale fu scoperta da alcune consorelle richiamata da sommessi rumori notturni.
Ben presto tutto il convento conosceva gli incontri amorosi di Isabetta e ovviamente ci fu anche quella suora che si prese il compito di riferire i fatti alla madre badessa.

4) Lo scrupolo e lo Zelo delle suore
Alcune consorelle più prudenti consigliarono di denunciare il fatto con prove inoppugnabili e dunque alcune si appostarono in angoli strategici per avere la certezza degli appuntamenti amorosi e far venire la madre badessa al momento opportuno per cogliere Isabetta in flagranza.

5) L'intervento punitivo della madre Badessa
Una notte mentre alcune monache erano appostate in punti strategici per controllare tutte le uscite dalla cella e dal convento suora Isabetta con il suo innamorato trascorrevano le ore notturne ignari dell'insidia.
Due suore eccitate ed emozionate si precipitarono verso la cella della madre badessa chiamandola perché accorresse nella cella di suor Isabetta.
Bussarono e la superiora preoccupata che l'irruenza facesse aprire la porta si vestì velocemente afferrando quello che credeva fosse il velo copricapo

chiamato «saltero» ma erano in realtà le mutande lunghe del Prete!

6) La badessa scoprì la tresca di Isabetta
La madre superiora accorse verso la cella di Isabetta, la spalancò con poca forza e scoprì la verità tra lo scandalo generale.
Tra le urla, i rimproveri, l'indignazione di tutte le consorelle la peccatrice fu condotta in giudizio nella sala del capitolo.

7) Il processo a suor Isabetta
Nella sala del capitolo si ritrovarono tutte le suore cariche di disprezzo per il reato della monaca Isabetta.
Sulla cattedra sedeva come giudice inquisitore la madre badessa con gli occhi deturpati dall'odio e dalla paura di perdere l'onorabilità del monastero.
La badessa cominciò ad urlare contro Isabetta parole di fuoco: «Hai tu violato l'onore di questo monastero che gode di fama di santità e di onestà! Pensa, o sciagurata, alle conseguenze del tuo gesto se all'esterno si venisse a sapere tutto questo!»
Le parole moralistiche si associavano alle infamità peggiori, degli insulti più brutti che mai donna avesse ricevuto.
Isabetta se ne stava ad occhi bassi tremante e intimidita non sapeva cosa dire ma poi ebbe un momento di lucidità: alzò il capo e fissò l'attenzione sullo strano copricapo della madre badessa: «Madonna, se Iddio v'aiuti, annodatevi la cuffia, e poscia mi dite ciò che voi volete».
La badessa non capiva… continuò ad insultare Isabetta: «Che cuffia, rea femina? Ora hai tu viso di motteggiare?».

8) Il riscatto di Isabetta
Isabetta replicò lo stesso invito.
A quel punto tutte le monache guardarono con attenzione il copricapo e scoprirono le mutande del prete. Seguirono sorrisetti maliziosi, occhiatine di intese scandalizzate, brusii allusivi…alla fine la badessa mise le mani nel saltero e si accorse che al posto dei veli aveva collocato le mutande del prete.
Il gelo cade nella sala del capitolo, ci fu un lungo silenzio ma poi la madre badessa che ben conosceva la fragilità della carne e che lodava continuamente il buon Gesù per la sua opera di misericordia nei confronti di Maria Maddalena, la peccatrice pentita, si mise a parlare del diavolo, tentatore e della difficile lotta che l'uomo compie quotidianamente per non commettere peccati.
Alla fine, predicò l'indulgenza e il perdono. Concluse il suo sermone invitando ogni consorella a decidere in autonomia sulle scelte da fare.

9) La Madre Badessa scioglie l'assemblea
In conclusione, la madre badessa se ne ritornò in camera a far compagnia al prete che inutilmente aveva cercato le mutande!
Isabetta salutò sorridendo le consorelle scandalizzate e disorientate poi se ne ritornò nella cella per concludere il sonno interrotto con il suo innamorato.

Da allora, in quel monastero ci furono molte visite notturne di persone che intendevano pulirsi l'anima chiedendo la confessione a qualche monaca di buoni sentimenti.

CALANDRINO CREDE DI ESSERE PREGNO
MA NON PARTORISCE

1) IL PERSONAGGIO.
A Firenze tutti conoscevano Calandrino uomo semplice e credulone amico di due concittadini Bruno e Buffalmacco maestri di beffe.

2) IL DUBBIO DI CALANDRINO.
Calandrino, avendo ricevuto un'eredità di duecento lire in contanti, decise di comprarsi un podere ignaro del fatto che con quella cifra mai avrebbe potuto realizzare il suo desiderio.
I suoi amici Bruno e Buffalmacco tentarono di scoraggiarlo invitandolo a godersi quella cifra magari con gli amici.
Calandrino deluso per l'eccessivo costo del podere tentennava sulla destinazione della cifra ereditata ma certo non avrebbe mai speso un fiorino per i suoi compagni: troppo prigioniero della sua avarizia.

3) I COMPAGNI PREPARANO LA BEFFA
I suoi amici Bruno e Buffalmacco organizzarono una beffa per punire la sua avarizia facendo leva sulla balordaggine che caratterizzava la mente di Calandrino.
Bruno e Buffalmacco si fecero aiutare da un certo Nello recentemente venuto a Firenze per ridere alle spalle del balordo Calandrino e sperare di scroccare qualche cena pagata con il gruzzolo delle eredità.

4) LA REALIZZAZIONE DELLA BEFFA
Una mattina Nello incontrò Calandrino che era uscito di casa «Buondì Calandrino» gli disse e mentre lo salutava lo guardava con preoccupata insistenza. «*Che guati tu?*» Chiese indispettito Calandrino e Nello di tutta risposta: «*Hai tu sentita sta notte cosa niuna? Tu non mi par desso*»
Nello faceva finta di non averlo riconosciuto poco prima perché aveva un volto trasformato.
Lo salutò ancora e si allontanò.
Buffalmacco non era molto distante si accostò a Calandrino ed anche lui preoccupato, gli chiese se si sentisse male.
«Infatti anche Nello mi ha detto che mi sono trasformato e non mi riconosceva» rispose Calandrino.
Senza troppa diplomazia Buffalmacco gli disse: «*Calandrino tu par mezzo morto!*» Per mettere nel panico lo sventurato ci pensò poi Bruno che poco dopo si trovò a passare in quella parte della città: «*Calandrino che viso è quello? E' par che tu sia morto: Che ti senti tu?*» Disse.
Calandrino cominciò a tremare, sudava, aveva la febbre e chiese aiuto ai

compagni.
Bruno gli consigliò di tornare a casa e mettersi a letto e mandare a chiamare maestro Simone perché gli dicesse le cause della malattia.

5) I compagni aiutano Calandrino
Calandrino già moribondo fu accompagnato a casa. Si mise a letto dicendo alla moglie: «*Vieni e cuoprimi bene, ché io mi sento un gran male*»
Con un filo di voce chiamò la fanticella e le ordinò di recarsi al Mercato Vecchio dove maestro Simone aveva bottega e chiedergli di visitare Calandrino malato.
Anche Bruno volle partire per dare al medico delle informazioni utili sul paziente: ovviamente per chiedere la collaborazione nella beffa!

6) La visita del medico.
Maestro Simone bene informato da Bruno giunse a casa di Calandrino e lo trovò impaurito sotto le coperte.
Si mise seduto sul letto e cominciò a visitare il paziente con tutta l'aria professionale. Gli tastò il polso, gli guardò la gola, gli auscultò le spalle, gli palpò l'addome, gli fece piegare le ginocchia….insomma gli fece una visita accurata poi sentenziò: «*Vedi, Calandrino, a parlarti come ad amico, tu non hai altro male se non che tu se' pregno*».

7) L' incredibile diagnosi
 La diagnosi mandò su tutte le furie Calandrino che si mise a gridare contro la moglie: «*Ohimè! Tessa, questo m'hai fatto tu?*»
Rimproverò la moglie monna Tessa che volendo far provare i dolori della gravidanza e del parto aveva deciso di rendere pregno il marito con qualche suo maleficio e strana posizione.
Calandrino minacciò che questa cattiveria avrebbe scatenato la sua vendetta.
«*Ma per certo* – concluse – *se io scampo di questa, ella se ne potrà ben prima morir di voglia* perché io non starò più a letto con lei!»

8) Il medico prescrive il farmaco
Bruno e Buffalmacco e Nello avrebbero voluto ridere a crepapelle …. si trattennero!
Maestro Simone non si trattenne e rise piacevolmente mentre Calandrino lo implorava perché gli somministrasse un farmaco.
«*Calandrino, io non voglio che tu ti sgomenti, ché, lodato sia Iddio, noi ci siamo sì tosto accorti*».
Il rimedio c'era però Calandrino avrebbe dovuto affrontare una certa spesa.
Il medico lo disse chiaramente ma temeva che l'avarizia l'avrebbe ostacolato.
Calandrino pur di liberarsi da quell'insolito e innaturale peso della maternità o meglio della paternità era disposto ad affrontare ogni sacrificio.
«*Io ho qui dugento lire di che io voleva comperare un podere; se tutti bisognano, tutti gli togliete, purché io non abbia a partorire (…) io morrei* al pensiero di provare tutto il dolore del parto sapendo che non ho gli organi che hanno

le donne…»
Maestro Simone lo tranquillizzò perché gli avrebbe fatto bere una bevanda
con effetti miracolosi dopo solo tre giorni di cure.
La bevanda ovviamente aveva un costo: Calandrino avrebbe dovuto far
recapitare presso la bottega del medico tre paia di buoni capponi e altre
cose acquistate da Bruno con le lire che Calandrino avrebbe dovuto dare
ad ognuno dei suoi compagni.

9) La bisboccia e la guarigione
Calandrino pagò di buon grado le cure. Maestro Simone con i tre amici di
Calandrino mangiarono allegramente i buoni cibi ricevuti dall'avaro Ca-
landrino.
Dopo solamente tre giorni l'angosciato Calandrino evitò le doglie del par-
to!

L'equivoco notturno a casa dell'albergatore

1) Presentazione dei personaggi e contesto
Il Fatto accadde nel pian di Mugnone dove un modesto uomo aveva una casa non molto spaziosa nella quale ospitava tal volta qualche persona conosciuta per trascorrere una notte e mangiare un boccone in cambio di denaro.
L'oste aveva una bella donna per moglie e due figli: un piccolino che dormiva accanto al letto della madre ed una figliola di sedici anni.

2) La ragazza attira attenzione di Pinuccio
Passeggiando a Firenze quella ragazza attirò l'attenzione di un giovane chiamato Pinuccio.
Gli sguardi prolungati, le poche parole emozionate furono il segnale della simpatia reciproca.
Pinuccio avrebbe voluto approfondire la conoscenza ma le circostanze non lo consentirono.

3) La ricerca di un piano strategico
Pinuccio si rivolse ad un amico, un certo Adriano, più esperto nei fatti di cuore, il quale escogitò un ingegnoso piano strategico per entrare in contatto con quella bella ragazza.

4) Realizzazione del piano
Una sera sul tardi Adriano e Pinuccio preso due cavalli con vettura, vi caricarono due valigie piene di paglia e partirono verso Fiesole.
Giunti al Pian di Mugnone invertirono la direzione facendo credere che provenivano dalla Romagna diretti a Firenze.

5) La Sosta nell'albergo della ragazza
Si fermarono alla locanda dell'oste, bussarono alla porta in orario notturno e chiesero ospitalità.
L'oste conosceva Pinuccio, lo avrebbe voluto ospitare ma gli spiegò che non aveva altre camere disponibili.
Vista l'insistenza di Pinuccio e la conoscenza, l'oste fece una proposta: «Se voi accetterete la sistemazione di urgenza potrò utilizzare nella stessa mia stanza tre letti: uno per me e mia moglie, uno per la mia figlia e l'altro per voi due, poi c'è la culla del mio piccolino».
Questa proposta piacque moltissimo ai due giovani.
Dopo la veloce preparazione trovarono il loro posto quindi fu spento il lume.

6) I GIOVANI SI PREPARARONO ALL'AZIONE

Pinuccio aveva già localizzato il letto della figlia dell'oste. La ragazza superata l'iniziale fase della sorpresa e resa complice con il dovuto ammiccamento faceva finta di dormire profondamente pronta ad accettare il gioco. Aspettò che il sonno dei genitori si facesse pesante, poi Pinuccio scivolò dal suo letto e camminando carponi si infilò nel letto della bella ragazza.

7) LA COMPLICATA TRESCA NOTTURNA

Il piano dei giovani sembrò perfetto, tutto andava per il verso giusto quando all'improvviso un oggetto cadde a terra emettendo un rumore che proveniva dalla cucina.

La moglie dell'oste si svegliò e stando al buio, per non allarmare il marito, si diresse in cucina per il controllo.

Adriano che, ovviamente teneva d'occhio l'amico, si alzò per recarsi al bagno ma al ritorno spinse inavvertitamente la culla accanto al suo letto e si ricollocò al suo posto attento a non disturbare Pinuccio che aveva nascosto la testa sotto le lenzuola della sua bella ragazza.

8) L'ERRORE DELLA OSTESSA

Dopo la verifica anche l'ostessa si recò nella sua camera tranquillizzata dopo quell'incidente del gatto.

Camminando nel buio cercò la culla del bimbo e senza avvertire la modifica della posizione si infilò nel letto che credeva del marito.

Adriano sorpreso l'accolse di buon grado ma tacque per non svegliare il marito che in realtà russava profondamente nel sonno.

Adriano sempre con le dovute cautele e la mano leggera incominciò a palpare l'ostessa la quale non oppose resistenza.

9) L'ERRORE DI PINUCCIO

La notte volgeva alla conclusione e prima che l'alba rischiarasse il cielo Pinuccio decise di ritornare al suo letto affidandosi alla ubicazione della culla che segnalava il letto dell'oste.

Anche lui si coricò nel letto sbagliato proprio accanto all'oste credendo fosse Adriano.

Lo scosse leggermente per svegliarlo e con un filo di voce gli raccontò dell'incontro con la bella ragazza compiacendosi di questa assurda impresa notturna.

10) L'OSTE SI SVEGLIA

L'oste ancora addormentato si svegliò e udendo la voce di Pinuccio disse: *«Che diavol fa costui qui?»*

Quando si svegliò ben bene passò alle minacce volendosi vendicare dell'oltraggio fatto alla figlia.

«Per lo corpo di Dio, io te ne pagherò».

Le voci alterate dell'oste e di Pinuccio misero in allarme l'ostessa la quale resasi conto del suo stesso errore frettolosamente scese dal letto di Adriano e si infilò nel letto della figlia.

11) L'OSTESSA CERCA DI GIUSTIFICARE LA FIGLIA

La signora ostessa compresa la tresca di Pinuccio tentò di giustificare la figlia tentando di tranquillizzare il marito ormai fuori di sé: «*Egli mente bene per la gola, ché con la Niccolosa non è egli giaciuto, ché io mi ci coricai io in quel punto, che io non ho mai poscia potuto dormire; e tu se' una bestia che egli credi. Voi bevete tanto la sera, che poscia sognate la notte e andate in qua e in là senza sentirvi, e parvi far maraviglie*».

12) La spiegazione convincente di Adriano
Adriano rimase piacevolmente sorpreso per la furba "trovata" della signora ostessa e poco dopo anche lui volle aggiungere la spiegazione dell'incidente notturno tranquillizzando definitivamente il burbero oste.
Chiamò l'amico ad alta voce: «Pinuccio, torna in questo letto – disse – tante volte ti avevo detto di non bere perché hai l'abitudine di sognare e di muoverti come un fantasma in piena notte raccontando all'uno e all'altro i tuoi pensieri di favola credendoli corrispondenti al vero!»

13) Pinuccio recita la parte del sonnambulo
A quel punto Pinuccio recitò veramente la parte del sonnambulo. Disse parole sconnesse, farneticò, scese dal letto, camminò per la stanza toccando questo e quello. Sbattendo qua e la giunse nel letto di Adriano e vi si collocò.

14) I protagonisti si svegliano
Pinuccio sonnacchioso ma ormai pienamente consapevole fece finta di rimproverare Adriano: «E' forse giorno che mi svegli? Lasciami ancora dormire».
Le luci dell'alba stavano penetrando nella camera, tutti rasserenati si preparavano ad affrontare il nuovo giorno.

15) La partenza
Venne il momento dei saluti e dei ringraziamenti per l'ospitalità.
L'oste offri da bere a quei ragazzi sprovveduti ma garbati e intelligenti.
Le due donne molto soddisfatte salutarono con deferenza gli ospiti rassicurandoli per le conseguenze!
La Niccolosa tranquillizzò la madre che niente era accaduto con Pinuccio se non qualche tenera carezza.
Anche la madre tranquillizzò la figlia per quell'innocente scambio di compagno di letto.
La sua funzione di mamma era di vegliare sulla onorabilità della figlia!

16) Lo sviluppo
Nessuno seppe di questa situazione intricata pare che la Niccolosa, molto divertita, in seguito abbia aiutato il Pinuccio in altre imprese di pari follia.
La beffa è servita!

MINIMO CORREDO DIDATTICO

A) IL TESTO VERBALE è un intreccio di parole.

Si usa la parola testo per ricordare il tessuto come intreccio di fili; anche il testo verbale è il risultato di un intreccio di tante parole tra loro collegate seguendo regole precise.

B) CONOSCENZA DELLE REGOLE.

Il testo verbale è il mezzo con il quale gli esseri umani scambiano messaggi cioè effettuano le tante comunicazioni che dovranno essere comprese cioè decodificate dai parlanti.

La comprensione sarà possibile quando si usa lo stesso codice con le regole della logica ed il complesso del patrimonio storico di segni portatori di significato.

C) LE CATEGORIE DI REGOLE.

La produzione dei testi verbali richiede il rispetto di alcune regole che appartengono a diverse categorie e cioè:

A) REGOLE GRAMMATICALI

B) REGOLE SINTATTICHE

C) REGOLE SEMANTICHE

D) REGOLE PRAGMATICHE

E) COMPETENZA INTERTESTUALE

REGOLE GRAMMATICALI

Questa competenza consente di conoscere e usare ogni parola che compone il testo nella maniera corretta come ad esempio la corretta coniugazione del verbo, la corretta declinazione del nome, la classificazione e le caratteristiche dell'aggettivo e così via.

REGOLE SINTATTICHE

La competenza sintattica ci consente di usare i collegamenti logici tra le parole per formare un messaggio di senso compiuto e realizzare le frasi mediante le quali possiamo condividere nostri pensieri e sentimenti.

Lo studio della sintassi ci consente di effettuare l'analisi logica della frase semplice e l'analisi della frase complessa o (periodo) evidenziando le modalità e gli artifici verbali per il collegamento logico tra le parole conformemente alle esigenze comunicative del parlante.

REGOLE SEMANTICHE

È la competenza grazie alla quale possediamo il significato delle parole e delle strutture logiche che costituiscono le frasi e dunque l'intero testo verbale.

Ogni frase sviluppa un nodo centrale semantico che si collega agli altri nodi semantici fino a formare la struttura semantica delle tessiture verbali cioè del testo.

L'estrapolazione dei nodi semantici con il loro logici collegamenti ci consente di evidenziare la trama strutturale dell'intero testo verbale.

REGOLE PRAGMATICHE

È la competenza grazie alla quale l'emittente della comunicazione è capace di adattare il testo (che si accinge a produrre), alla situazione nella quale si trova tenendo conto della finalità del testo stesso.

A seconda della finalità del testo (esempio: dare informazioni, convincere, fa ridere, rimproverare, sfogare la propria emotività, ecc.) occorre scegliere le parole più efficaci; lo stile appropriato, il registro emotivo, la struttura sintattica più idonea; le figure retoriche l'uso eventuale del dialetto e così via.

Il linguaggio dunque con tutto il complesso delle sue caratteristiche, artifici, costrutti retorici ecc. si deve piegare alle esigenze dell'obiettivo comunicativo da raggiungere.

In conclusione la competenza pragmatica esige l'acquisizione di tutte le altre competenze necessarie per padroneggiare e comunicare efficacemente con il codice linguistico.

COMPETENZA INTERTESTUALE

Consiste nella capacità di far riferimento ad altri testi ai quali si allude senza esplicitarli.

La produzione dei testi verbali tiene sempre conto del mondo culturale che alimenta o suscita stimoli per la produzione di nuovi testi verbali.

CLASSIFICAZIONE DEI TESTI VERBALI

A) TESTO DESCRITTIVO:

Si produce un testo descrittivo quando usiamo le parole per rappresentare (quasi fotografare o disegnare) una persona, un paesaggio, una situazione, uno stato d'animo, un'immagine riportando le caratteristiche che si vogliono evidenziare.

Di solito il testo descrittivo indugia sui particolari per meglio "disegnare" l'oggetto della descrizione.

B) TESTO NARRATIVO:

Il testo narrativo si prefigge di evocare la dinamicità dei fatti, il susseguirsi degli avvenimenti mettendo in luce le azioni dei vari personaggi, i loro obiettivi, le loro motivazioni che costituiscono i motori degli eventi raccontati.

In definitiva il racconto è l'esposizione di <u>una vicenda</u> nella quale alcuni <u>personaggi</u> sono protagonisti di <u>azioni e fatti</u> che si svolgono in un determinato <u>spazio</u> nello scorrere del <u>tempo</u>.

C) TESTO INTERPRETATIVO-VALUTATIVO

Quando riflettiamo su un qualche prodotto culturale (poesia, spettacolo teatrale, gara sportiva, lavoro artistico, monumento, ecc.) ci disponiamo mentalmente in un <u>atteggiamento interpretativo</u> cioè vogliamo capire i significati manifesti o nascosti suggeriti da quel prodotto e subito dopo ci mettiamo in un <u>atteggiamento valutativo</u> e formuliamo giudizi di valore con le categorie del bello, del buono, dell'opportuno, dell'utile, ecc. ecc.

Queste modalità di approccio al prodotto culturale ci consente di produrre testi verbali interpretativi e valutativi cioè <u>produciamo saggi, commenti, recensioni.</u>

D) Testo argomentativo

Argomentare significa cercare di convincere l'interlocutore della bontà di una propria tesi adducendo prove, argomenti, spiegazioni con i quali si possa sostenere la validità della propria posizione. Sono testi argomentativi gli interventi politici nei comizi e nel Parlamento; le arringhe degli avvocati ed ogni altro testo con il quale si potrebbe convincere e condurre l'ascoltatore sulla propria posizione concettuale o valoriale.
Anche il tema scolastico è un testo argomentativo.

E) Testo emotivo-espressivo

Con il testo emotivo si comunica al destinatario la condizione interiore dell'autore cioè le proprie emozioni, i sentimenti che si provano, lo stato d'animo.

F) Testo regolativo

Con questo tipo di testo verbale si dettano istruzioni, regole alle quali ci si debba conformare.
Sono testi regolativi le leggi, i divieti, le istruzioni, gli obblighi che dobbiamo onorare.
Sono testi regolativi anche le guide di cucina e quelle turistiche.

G) Testo espositivo

Quando si produce un testo verbale allo scopo di esporre una ricerca scientifica, il resoconto di uno svolgimento di un dibattito o assemblea, ecc. si ha un testo espositivo.
I manuali scolastici, saggi storici, filosofici, medici, le relazioni scientifiche sono tutti i testi espositivi e si prefiggono lo scopo di dare esatta e puntuale informazione

La riflessione svolge sui seguenti argomenti:

1. Il bisogno di raccontare e la produzione dei testi narrativi;
2. La struttura logica di una storia;
3. La suddivisione del testo in macro sequenze e micro sequenze;
4. La classificazione delle sequenze;
5. La disposizione delle sequenze narrative;
6. Analisi dei personaggi.

1) BISOGNO DI RACCONTARE

Ognuno di noi ricorda il piacere provato quando nella nostra infanzia qualcuno raccontava qualche storia. Anche nell'età adulta è piacevole e fortemente formativo leggere o ascoltare i racconti di fatti accaduti nel campo della realtà o della immaginazione.

Il bisogno di raccontare e di ascoltare racconti scaturisce forse dal bisogno di liberare e affermare il nostro potenziale creativo, di entrare in sintonia con gli altri; arricchire il nostro mondo di conoscenze e di emozioni, alleggerire il carico di stress che accumuliamo nello svolgimento della nostra abituale gestione della vita quotidiana.

Testi narrativi sono ad esempio il romanzo, il racconto breve, la novella, la fiaba, la favola, la parabola.

Con Alcuni testi narrativi si affrontano problemi dell'esistenza, facendo spesso vibrare le corde dell'emotività (commuovere, indignare, divertire). Con i testi della favola e della parabola facciamo prevalere la finalità educativa e valoriale suggerendo una morale.

È stato scritto dai critici che la produzione delle novelle del Decameron del Boccaccio scaturisce dal profondo desiderio dell›autore di compiacere la regina Giovanna moglie di Roberto Re di Napoli e della figlia Fiammetta della quale Boccaccio era innamorato.

La finalità principale dell'Opera letteraria fu dunque il "divertire" con una materia brillante e talvolta spregiudicata nella quale domina lo spirito beffardo fiorentino e la leggerezza morale senza vincoli e pregiudizi religiosi.

2) La struttura della narrazione

In ogni racconto noi possiamo individuare quattro parti che costituiscono lo schema logico di ogni storia raccontata:

1. Situazione iniziale

Nella quale c'è un certo equilibrio.

b) Rottura dell'equilibrio

Determinata da qualche evento che interviene a modificare la situazione iniziale.

c) Sviluppo della vicenda

Si raccontano i fatti nei quali intervengono vari personaggi (con funzioni diverse) grazie ai quali si sviluppa sia la vicenda principale, sia i fatti secondari nel contesto spazio-temporale.

d) Scioglimento e conclusione della vicenda

Si produce un nuovo equilibrio nel quale il protagonista (o eroe) potrebbe raggiungere lo scopo che ha generato tutta la vicenda. Talvolta si ritorna all'equilibrio iniziale o si produce un equilibrio provvisorio.

LA STRUTTURA NARRATIVA DELLA NOVELLA

"CALANDRINO CREDI DI ESSERE PREGNO MA NON PARTORISCE"

1) SITUAZIONE INIZIALE: Calandrino riceve una piccola eredità ma non vuole spendere nulla per gli amici.

2) ROTTURA DELL'EQUILIBRIO: Gli amici vogliono organizzare una beffa per punire l'avarizia di Calandrino.

3) SVILUPPO DELLA VICENDA:

    a) Gli amici mettono in ansia Calandrino facendogli credere che è malato.

    b) Calandrino suggestionato viene accompagnato a casa e messo a letto.

    c) Il medico Simone collabora alla beffa.

    d) Calandrino litiga con la moglie ritenuta colpevole del male.

    e) Il medico è disposto a guarirlo dietro compenso adeguato.

    f) L'avaro Calandrino paga generosamente il medico e gli amici.

4) SVOLGIMENTO E NUOVO EQUILIBRIO:

Gli amici con il medico fanno bisboccia con i soldi di Calandrino.

5) CONCLUSIONE:

L'obiettivo è stato raggiunto: l'avarizia è stata punita.

Il testo narrativo potrebbe essere segmentato in tante piccole unità narrative che chiamiamo <u>micro-sequenze</u>.

Le micro-sequenze fondano e giustificano la loro unitarietà sul <u>tema</u> o nucleo portante di cui si parla.

Il tema è <u>l'elemento concettuale centrale</u> che giustifica la formazione della frase.

Il tema che si usa per dar conto delle caratteristiche di un personaggio, un paesaggio, una condizione psicologica ecc. è un TEMA DESCRITTIVO.

Il TEMA è DINAMICO quando si usa per evidenziare le azioni, il susseguirsi di eventi.

Infine il TEMA è IDEATIVO quando si usa per evidenziare un pensiero, uno stato d'animo, un'emozione.

La segmentazione del testo in micro-sequenze non è mai un fatto scientifico ma esistono margini di soggettività nell' estrapolare il concetto tematico unificante intorno al quale si costituisce la frase la micro-sequenza.

MACRO-SEQUENZE

Attraverso l'analisi semantica del testo narrativo possiamo trovare un collegamento logico tra alcune micro-sequenze e formare unità semantiche più ampie le quali chiamiamo MACRO-SEQUENZE.

Con la segmentazione della novella "Chichibio e la gru" si chiarisce l'operazione concettuale della ricerca tematica e delle sequenze micro e macro.

La novella potrebbe essere segmentata in dieci macro-sequenze grazie alla estrapolazione di dieci nodi tematici e nuclei semantici fondamentali.

Questi dieci nuclei costituiscono l'ossatura essenziale fondamentale di tutto lo sviluppo del racconto.

1) Il primo nodo tematico della macro-sequenza è "PRESENTAZIONE DEI PERSONAGGI".

2) Il secondo nucleo è "La battuta di caccia di Currado".

3) Il terzo nodo semantico (o nucleo tematico) è "Chichibio in cucina".

4) La quarta macro-sequenza ha come nodo semantico "La richiesta di donna Brunetta".

5) La quinta macro-sequenza ha il nodo semantico "Il banchetto".

6) La sesta macro-sequenza ruota intorno al nodo semantico "L'indignazione dei Currado".

7) Nella settima macro-sequenza il nodo semantico è "Le minacce di Currado al cuoco".

8) L'ottava macro-sequenza ha come nodo semantico "Ritorna la serenità nel banchetto".

9) La nona macro-sequenza ha il nodo semantico "Currado e Chichibio cercano la gru".

10) La decima macro-sequenza ha come nodo semantico principale "Chichibio si riscatta con una battuta di spirito".

Il nodo semantico dominante di ogni macro-sequenza viene sviluppato con una serie di frasi che costituiscono le micro-sequenze grazie alle quali il nodo semantico dominante della macro-sequenza si riempie di contenuti ora descrittivi ora dinamici o di azione, ora ideativi ed emotivi.

Le micro-sequenze sono unità semantiche più piccole che si legano logicamente al nodo tematico della macro-sequenza.

Queste micro-sequenze a seconda della caratteristica sono DESCRITTIVE, DINAMICHE, IDEATIVE ed anche MISTE.

RICERCA DELLE MICRO-SEQUENZE NELLA TERZA MACRO-SEQUENZA DELLA NOVELLA CHICHIBIO E LA GRU

Il nodo tematico o semantico della terza macro-sequenza è "Il cuoco Chichibio prepara l'arrosto".

Questo nodo semantico è sviluppato con le seguenti micro-sequenze:

1) Chichibio riceve l'incarico (tema misto descrittivo ideativo).

2) La cucina è piena di odori (tema descrittivo).

3) Donna Brunetta entra in cucina (tema dinamico).

Il racconto si sviluppa ed evidenzia la dinamica di una vicenda come un susseguirsi di fatti che vede interpreti alcuni personaggi.

Lo sviluppo logico della vicenda generalmente segue il seguente schema:

1) Situazione iniziale con un equilibrio.

2) Rottura dell'equilibrio.

3) Sviluppo della vicenda con l'intervento del protagonista ed altre figure come l'antagonista gli aiutanti ecc.

4) Scioglimento e nuovo equilibro e conclusione.

La dinamica vede dunque uno sviluppo dei fatti che potrebbero essere collocati su una linea verticale seguendo l'andamento logico e cronologico. L'andamento logico verticale costituisce il susseguirsi delle macro-sequenze con i nodi tematici (semantici) centrali.

Ogni macro-sequenza si sostanzia di alcune micro-sequenze con i diversi contributi dei temi dinamici, descrittivi, ideativi, misti.

Le diverse micro-sequenze potremmo collocarle sulle linee orizzontali dando luogo ad una struttura semantica complessiva che potrebbe avere una rappresentazione grafica.

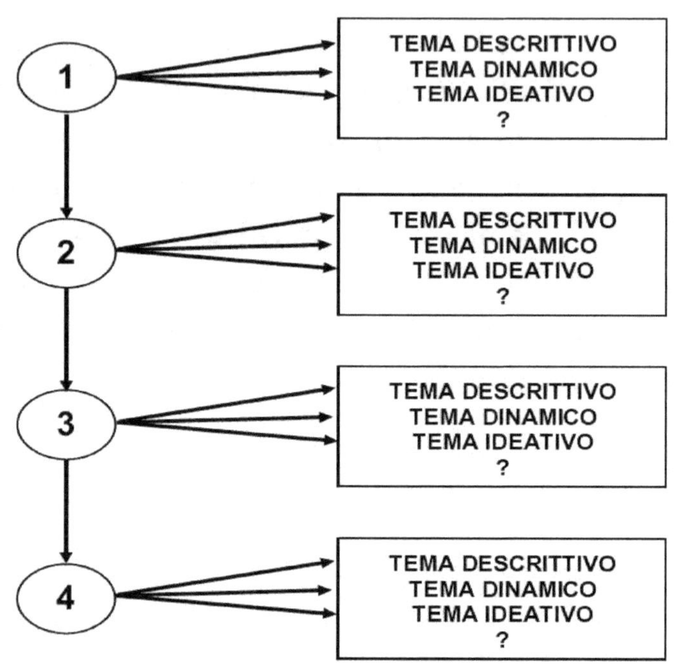

ORDINE VERTICALE DELLE MACROSEQUENZE NODI SEMANTICI
SVILUPPO ORIZZONTALE DELLE MICROSEQUENZE
1
TEMA DESCRITTIVO
TEMA DINAMICO
TEMA IDEATIVO
?
2
TEMA DESCRITTIVO
TEMA DINAMICO
TEMA IDEATIVO
?
3
TEMA DESCRITTIVO
TEMA DINAMICO
TEMA IDEATIVO
?
4
TEMA DESCRITTIVO
TEMA DINAMICO
TEMA IDEATIVO
?

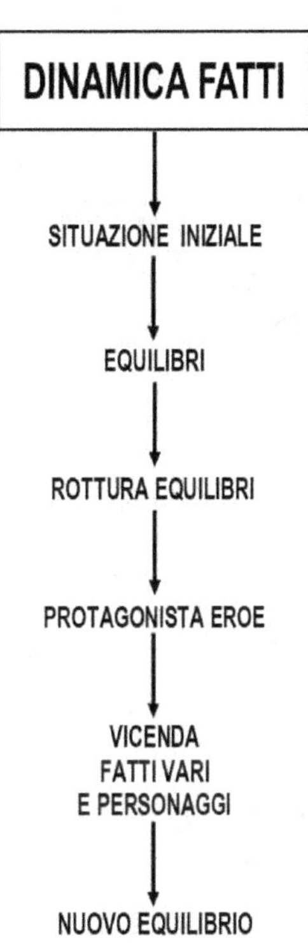

DINAMICA FATTI
SITUAZIONE INIZIALE
EQUILIBRI
ROTTURA EQUILIBRI
PROTAGONISTA EROE
VICENDA
FATTI VARI
E PERSONAGGI
NUOVO EQUILIBRIO

Analisi della struttura semantica complessiva della novella "La beffa di Martellino"

Nella novella "LA BEFFA DI MARTELLINO FINTO PARALITICO". L'andamento verticale delle macro-sequenze è il seguente:

1) Presentazione dei personaggi
2) L'evento miracoloso
3) La devozione Popolare
4) L'arrivo dei tre giovani fiorentini
5) La proposta di Martellino
6) La simulazione di Martellino
7) Il finto miracolo
8) Reazione della folla
9) L'intervento dell'autorità
10) Martellino davanti al giudice
11) La liberazione di Martellino. (conclusione)

Come è stato precedentemente detto nelle macro-sequenze possiamo individuare le micro-sequenze grazie alle quali il nodo semantico della macro-sequenza viene espresso con le varie frasi.

Ogni micro-sequenza si prefigge lo scopo di dare un contributo sia per indicare la dinamicità (tema dinamico); sia per evidenziare i tratti descrittivi dei personaggi o del luogo o del tempo ecc. (tema descrittivo); sia per esprimere un'idea, uno stato d'animo (tema ideativo).

A titolo di esemplificazione prendiamo in esame la quarta macro-sequenza con il nodo semantico "L'arrivo dei tre giovani fiorentini".

La ricerca delle micro-sequenze ci consente di evidenziare i seguenti temi:

1) L'arrivo di tre giovani (TEMA DINAMICO)
2) Il normale modo di vivere dei tre giovani (TEMA DESCRITTIVO)
3) I giovani si avvicinano alla folla (TEMA DINAMICO)
4) I giovani desiderano vedere il santo (TEMA IDEATIVO)

L'esame della sesta macro-sequenza (LA SIMULAZIONE DI MARTELLINO) ci conduce ad evidenziare nelle micro-sequenze i seguenti temi:

1) Martellino modifica il corpo (TEMA DINAMICO)
2) Gli amici lo trasportano verso il feretro del santo (TEMA DINAMICO)
3) La pietà della folla (TEMA IDEATIVO E DINAMICO)

Sintetizzando. I nodi semantici delle macro-sequenze concorrono allo sviluppo verticale nella progressione cronologica e logica mentre le micro-sequenze con i temi dinamici, ideativi o descrittivi sviluppano in orizzontale i nodi semantici della vicenda che si vuole raccontare.

Normalmente i fatti raccontati nel testo verbale dipendono dalla volontà, dalle intenzioni progettuali dei personaggi che entrano nella vicenda con ruoli diversi.

Secondo lo studioso Propp (linguista e antropologo russo) nella fiaba ma anche in altri generi narrativi è possibile classificare i ruoli che i personaggi svolgono. Questi diversi ruoli vengono chiamati <u>funzioni</u> che ritroviamo quasi sempre secondo uno schema fisso.

<u>La funzione del personaggio protagonista è detta</u> EROE.

<u>Alla funzione del protagonista si oppone quella dell'</u>ANTAGONISTA.

Alcuni personaggi svolgono la funzione <u>dell'</u>AIUTANTE.

C'è inoltre la funzione del FALSO AIUTANTE.

Ci sono anche altre funzioni come <u>l'</u>OGGETTO da conquistare che può essere anche una persona.

Il testo narrativo parte molto spesso da un progetto, da un desiderio che si vorrebbe realizzare.

L'eroe è il protagonista della vicenda. Alla sua volontà si oppone spesso la situazione oggettiva ma anche la volontà dell'antagonista.

L'antagonista è aiutato dall'oppositore.

L'intervento dell'aiutante (persona o situazione particolare) facilita la realizzazione del progetto.

L'equivoca partecipazione del falso aiutante crea delle situazioni di incertezza perché l'apparente aiuto è in realtà una forma di ostacolo.

La funzione dell'oppositore manifesto è svolta sia dai personaggi che hanno altri obiettivi sia da situazioni negative.

A titolo di esemplificazione si procede all'individuazione delle funzioni principali svolte dai personaggi della novella "Bernabò da Genova".

La novella la possiamo dividere in due parti in ognuna delle quali c'è un particolare eroe o protagonista.

- Nella prima parte l'eroe è Bernabò
- Nella seconda parte l'eroe è Sicurano (alias madonna Zinevra)

Le funzioni della prima parte

Funzione protagonista
Bernabò vuole l'oggetto (dimostrare la fedeltà della moglie)

Funzione antagonista
Ambrogiuolo vuol dimostrare il contrario affermando che tutte le donne sono infedeli

Il falso aiutante
È la fantesca di Ambrogiuolo e di madonna Zinevra

L'aiutante di Bernabò
È il parente che dovrebbe eseguire l'ordine di Bernabò

L'oggetto
È la fedeltà di madonna Zinevra

Le tappe fondamentali per scrivere un racconto (breve) sono le seguenti:

1) <u>Trovare lo spunto di partenza</u>, l'argomento di cui si vuol parlare.
   Lo spunto potrebbe essere frutto di fantasia ed anche di un evento della realtà che ci ha particolarmente attratto.

2) <u>Elaborazione della fabula</u>
   Si tratta di stilare una scaletta minima degli avvenimenti interessanti ordinati in successione cronologica.

3) <u>Trasformazione della fabula</u>
   (organizzata creativamente) in un <u>intreccio</u> per rendere più efficace o piacevole o stimolante la storia che si racconta.
   In questa fase non è necessario procedere per successione cronologica; potremmo ad esempio partire dalla conclusione e procedere a ritroso, o "in medias res" e ricordare.
   Le modalità per organizzare l'intreccio sono legate alla capacità inventiva del narratore.

4) <u>Il narratore</u> potrebbe essere interno (un personaggio che racconta) o esterno alla vicenda.

5) <u>Il tempo ed il luogo</u>
   Sono circostanze che rendono più efficace il racconto e invitano il lettore a collocarsi meglio nel contesto della vicenda.

6) <u>Le scelte stilistiche</u> ovviamente sono adeguate alla tipologia delle vicende da raccontare.
   Se la vicenda è rilassante e lo scopo è il divertimento la scelta stilistica dovrà conformarsi all'obiettivo.
   Se lo scopo è la satira o la beffa la scelta stilistica dovrà rendere (con i vari accorgimenti retorici e figure retoriche) godibile il racconto.
   Uno stile dimesso e serioso sarà più confacente a racconti di rifles-

sione morale.

Lo stile narrativo dovrà adeguarsi allo scopo per il quale si produce il racconto.